武士の介護休暇

日本は老いと介護にどう向き合ってきたか

崎井将之
Sakii Masayuki

河出新書
076

はじめに

江戸時代以前の高齢者介護と聞いて、どんな想像をされるでしょうか？

「当時は医療水準が今ほど高くないので、早くに亡くなっていただろう」「基本的にピンピンコロリ（倒れた後すぐに亡くなること）の時代だったのでは」とイメージされる方も多いでしょう。もちろんその見方は決して間違いではありません。当時の医療技術では救えなかった命がたくさんありました。程度にもよりますが、脳卒中（脳梗塞、脳出血）で倒れた場合などはその典型例といえるでしょう。

ところが歴史上の史料をひも解くと、現在ほどではないにしても、介護を必要とする高齢者が江戸時代以前もそれなりにいたことが分かります。そしてそのような高齢者に対して、社会・家族が当時の価値観や考え方に基づいて対応していたことも見えてきます。

例えば江戸時代の武士は、「看病断《かんびようことわり》」などと呼ばれる介護休暇を取得し、肉親の介護にあたっていました。さらに時代をさかのぼると、ささやかなものですが、全国的な高齢者の介護システムもありました。

「江戸時代以前、高齢者介護はどのように行われたのか」という疑問のもと、当時の介護の実情や考え方について、史料や先行研究を参考にしながら探求してみよう、というのが本書の目的です。また「高齢者」の介護を扱う以上、各時代の高齢者の定義や位置づけ、老いに対する価値観にも触れる必要があると考え、その点も含めて紹介・解説しています。

本書の表題は『武士の介護休暇』ですが、広い射程で高齢者の介護史を扱います。第一章では江戸時代の高齢者介護を取り上げ、冒頭では介護休暇を取って親を介護していた武士を取り上げます。武士の介護については史料が比較的充実し、分量も多いため、本書の表題としても使用しました。続く第二章では江戸時代の老いに対する価値観を取り上げ、第三章から第五章にかけては、古代〜中世時代の老いと介護の実情に迫っています。そして第六章では古代〜中世期と比べつつ、あらためて江戸時代の介護事情をまとめています。

なお本書における「介護」「ケア」という言葉の意味についてですが、「病気・怪我・老衰などが原因で日常生活に支障をきたしている高齢者を、身体的・精神的・社会的・経済的に支えること」と捉えます。「精神的」とは言葉通り心の支えとなること、「社会的」とは要介護状態・老衰により心身が不自由になっても、社会・人とのつながりを維持できるようにすること、「経済的」とは要介護状態・老衰により収入・食を得られなくなった高齢者の生活を支えることです。純粋な身体的介護（食事、入浴、排せつ、移動の介助など）だけでなく、より広義の意味を持つ言葉として介護・ケアを使用しています。

目次

第三章 江戸時代以前の「老い」——古代〜中世期の高齢者観—— 93

第四章 江戸時代以前の介護事情——古代〜中世期の介護—— 127

第一章

江戸時代の介護事情

——介護休暇を取った武士——

江戸時代の武士はどのように老親の介護を行っていたのでしょうか。

当時は現代のような介護保険体制が整っていたわけではなく、公的な介護保険サービスも存在しません。介護をする場合、基本的に家族など近くにいる人が担う必要がありました。武士の中には、日々の介護を詳しく記録している人がいて、その内容から当時の介護の様子が見えてきます。

ここでいう「武士」とは浪人や自称などではなく、幕府や藩に仕えていた旗本・御家人や藩士を指します。こうした武士は老後に隠居料が与えられるケースも多く、また家督を継いだ息子・養子のお世話になることも多かったので、すべて自前で老後の収入・貯《たくわ》え・住まいを用意する必要があった庶民層より恵まれていました。ただ「介護」となるとなかなか大変な面もあったようです。武士の介護に関する史料・既存研究をひも解きながら、その実像についてご紹介しましょう。

日記に残された「武士の介護」

武士の介護を見る上で、史料がしっかりと残り、既存研究も行われている事例として、幕末期における沼津藩（現在の静岡県沼津市周辺）藩士の金沢八郎に対する介護が挙げられます。(1)

金沢八郎の妻の名前は不明で、息子にあたる人物として金沢久三郎、黒沢弥兵衛、徳田貢、水野重教などの名が残っています。名字が違うことからも分かる通り、弥兵衛、貢、重教は他家に養子に行っており、金沢八郎の介護に関する記録は、息子の一人である水野重教が日記に残しています。この日記は『水野伊織日記』（伊織は重教の別名）として世に知られていて、一八六二年（文久二年）から一八九二年（明治二十五年）にかけての日々が記録され、幕末維新における沼津藩の動きを知る上で貴重な史料です。その一方、父である金沢八郎が病気で倒れ、介護をし、亡くなるまでの様子について事細かに記されてもいます。そこから当時の武士の介護を読み解けるわけです。

史料は日記形式であり毎日を逐一取り上げると大変なので、いくつかのエピソードを拾ってご紹介しましょう。

まずは日本史上で「薩長同盟が結ばれた年」として知られる一八六六年（慶応二年）四月二十三日の出来事に焦点を当てます。この日、水野重教の実父である金沢八郎の身に異変が起こります。このとき八郎は江戸に出府していて、「八幡」に参詣してから家に帰っていつものように酒を飲み、酔っぱらって寝床に入ったのですが、次の日の朝になると、

「言語御渋り諸状不宜旨也」

（言葉をスムーズに話せなくなり、体調全般が良くない(2)）

という体調が優れない状態となり、医師に見せて血の検査などをしたところ、

「是中風再發之徵候也」
（これは中風《ちゆうぶ》再発の兆候である(3)）

と診断されます。八郎はそれまでも中風を患っていたようなのですが、飲酒がきっかけで再発したわけです。中風とは後で詳しく触れますが脳卒中による半身麻痺などの後遺症のことで、現代でも言葉がうまくしゃべれない、体にしびれが出るといった症状はその前兆として知られています。

八郎はその後少しずつ回復しますが、同年の秋頃からまた体調が悪くなったようです。その後八郎は藩から暇《いとま》をもらい、国元で療養生活を送りましたが、年が明けて一八六七年（慶応三年）の正月四日頃から難治性の吃逆《きつぎやく》（しゃっくり）がひどくなり、薬を投与しても収まらなくなります。七日には医師より、

「年来中風御病之上、御老体旧臘より咽喉御悩、彼是ニて御疲労強所へ之吃逆ニて、種々之薬剤奏功無之上は、何分此度ハ心許なき」

（年来の中風の病の上、御老体は昨年十二月から咽喉の悩みもありました。かれこれの病により疲労が強くなっているところにしゃっくりがひどくなり、各種の薬の効果もないので、なにぶんにも今回ばかりは〔命が持つか〕気がかりです）[4]

と宣告されます。終末期に難治性のしゃっくりが見られることは現代でも多く、八郎に死期が近づいている兆候ともいえます。金沢家の跡継ぎである久三郎は藩命で江戸表に滞在中であり、すぐに国元から飛脚で手紙が送られています。

医師から打つ手なしといわれた八郎に対し、久三郎が江戸にいたため、重教は自ら看取りケアを行おうと決意します。宣告を受けた翌日の八日の日記には、

「御容体弥不宜ニ付、自分今日看病引相願候処、即願済之事」

（〔実父の〕ご容体が良くないので、私は本日藩に看病引のお願いをしたところ、すぐに承諾となった）[5]

とあります。父の介護をしたいので「看病引」、つまり介護のための休みが欲しいと願い出て、認められたわけです。翌九日には「後嗣えの御遺訓并自分・弥兵衛へ同断[6]」とあり、医師から命が危ういといわれた八郎は、その二日後には息子の重教、弥兵衛に対する遺訓を作っています。この辺りの潔さは武士らしいともいえるかもしれません。

その後の重教の日記は、介護の内容が中心となります。八郎は容体が悪化するにつれてしゃっくりもひどくなったようで、重教は事細かに「吃逆發」「止」の記述を繰り返し、また八郎が人と会うときは「自分御背を御さすり罷在候事」（お背中をおさすり致しておりました[7]）などのケアも行っていました。

また一月十二日には、「殿様より実父君御不快御尋としてかすていら一折御頂戴被成候[8]」とあり、介護生活の最中、殿様からカステラをもらったりしています。しゃっくりがひどかった八郎が食べられたかどうかは分かりませんが、殿様が家来の容体を心配することもあったようです。

一月十三日からは、「朝五時前小水御通」や「暁九時両便御快通」など排せつに関する記述が登場し[9]、この時期から重教は排せつの介助（トイレまでの移動介助）も行っていたと考えられます。その後、一月十九日には勘定奉行をはじめ、藩士がぞくぞくと見舞いに駆けつけ、八郎は「今世之御暇乞」（今生のお別れ[10]）をしたり、心得・教戒などを伝えたりします。この頃になると八郎は寝床から離れられなくなり、一月二十二日の日記には「依之今日御両便共ニ御床上ニて自分・弥兵衛・久三郎御世話申上」[11]とあり、重教、弥兵衛、そしてこの頃江戸から戻っていた金沢家の跡取りである久三郎の三人兄弟で、大小便の世話をするようになります。二十六日頃からは、自力で寝返りもできなくなりました。

そして二月三日の日記には、「先日以来御薬ハ不被召上旨被仰聞、御決死之事ニ候得は……」[12]とあり、先日来、八郎は薬を飲もうとせず、死を決したとの記述があります。その上でこの三日に、辞世の詩も作成。五日に八郎は亡くなりました。

以上少し長くなりましたが、実際の日記には、いつどんな症状が出たのか、何を食べたのか、大小便はいつしたのか、どんな薬を投与したのか（麝香《じゃこう》、モルヒネ、ヒスミット、ラウタなどの薬名も日記中に記載あり）などが、詳細に記述されています。近世期の武士は文章のうまい人が多く、筆まめな人が詳細な介護記録をつけると、現代のプロの介護士が作成するような具体性があります。

なお、重教の兄嫁は舅《しゅうと》の八郎と不仲だったようで、[13]ケアには非協力的だったようです。八郎の容体が悪化した際、兄達は江戸にいたため、結果として沼津にいた重教がケアを担い、兄達が江戸から戻った後も八郎の介護・看取りケアの中心役となっています。なおケアを行う際、重教や兄弟が手ずから介護をしていたとは思いますが、家で働いている人

（下男・下女と呼ばれた人）も多かったと思われ、そうした人たちにあれこれと指図する場合も多分にあったと考えられます。

またこの八郎のケースで一つ注目したいのは、重教が介護をするにあたって、藩に対して「看病引」を願い出ている点です。これは「親の介護をしたいから休ませてください」という、現代でいうところの介護休業のお願いです。沼津藩はこの申し出に対し、すぐに許可を出しています。

武士が利用した「看病断《かんびょうことわり》」という介護休業制度

幕府は一七四二年（寛保二年）に、父母や妻子が病気の際には無条件で、祖父母・叔父伯母の場合はその内容次第により介護休業を認める制度を整備しており、この規定と前後し、多くの藩でも同様の制度が設けられています[14]。こうした制度を幕府は「看病断」と呼んでいましたが、藩によって名称が異なり、例えば沼津藩では「看病引」と呼んでいました。他にも「看病願」「付添御願」「看病不参」などの名称が各藩の記録で確認されています[15]。

この看病断の制度は、現代の育児・介護休業法に基づく「介護休暇」「介護休業制度」に該当するといって良いでしょう。ただし商人・職人に対して適用される制度ではなく、あくまで旗本・御家人、藩士を対象としたものです。

看病断制度の適用例を示す史料は各地に残っており、その中から丹波亀山藩（現在の京都府亀岡市付近）のケースをご紹介します[16]。江戸の文政期（十九世紀初め頃）、丹波亀山藩は幕府から、京都で火事が発生したときの火消の役割を担う「京火消詰」の役目を他の数藩と共に任されていて、担当の藩士が京屋敷に赴任する必要がありました。一八二〇年（文政三年）四月、丹波亀山藩士の「伊丹孫兵衛」がその役目を果たすべく京屋敷に詰めていたのですが、その現場の上役に対して「祖母が病気になり具合が良くないので、看病をするため火消詰の休業をしたい」と願い出ています。原文には「以御憐愍看病之御暇被下置候様[17]」などとあり、看病断の一種であると考えられます。ただ上役への届け出書によると、急に現場の上役に願い出たのではなく、事前に孫兵衛の関係者から藩の重役に申し出があって、すでに協議はされていたようです。申し出が認められ、孫兵衛が祖母の看病をしたところ、すぐに快方に向かったようで、五日後に現場に戻ったとのこと。つまりケアを理由とする休みの取得日数は五日だけでした。

こうした看病断に該当する制度とその運用の記録は、幕府をはじめ、広く実施されていたようで、既存研究によると幕府のほか、弘前、八戸、盛岡、秋田、仙台、米沢、勝山、新発田、小田原、松代、高崎、挙母《ころも》、沼津、徳島、久留米の諸藩で制度化されていたといいます。[18]

武士の「近距離介護」

武士が看病断を取得した事例の一つに、秋田藩（佐竹家）の藩士であった「渋江《しぶえ》和光《まさみつ》」が記していた『澁江和光日記』があります。[19] 和光は五十三歳で亡くなりましたが、二十四歳から四十九歳までの約二十五年にわたって日記を書き続けていて、それが現代まで残っているのです。

藩士といっても渋江家は代々秋田藩の家老職を務める由緒ある家柄であり、自家でも家臣団を抱える藩の最高幹部です。ただ渋江家には直系の宗家と分家があり、家老を輩出しているのは宗家の側で、和光が生まれたのは分家でした。

渋江和光は一七九一年（寛政三年）一月十四日、渋江家の分流である「渋江光成《みつなり》」の長男として生まれました。そのままいけば和光も分家の当主となったわけですが、宗家の当主が病気になって余命いくばくもなくなり、加えて宗家には跡継ぎとなる男子がいなかったため、和光が十三歳のときに急遽宗家の養子に入ります。これはかなり急だったようで、養子に入った時の宗家の主は「渋江敦光《あつみつ》」でしたが、この人が亡くなるのは一八〇三年（享和三年）六月二十日であり、和光が養子に入ったのは同年六月十二日。わずか一週間ほど前です。通常、こうした家の存続だけを目的として、現当主が亡くなる直前に慌てて養子縁組をしても認められないことが多く、渋江宗家についても、慣例に従えば知行召し上げとなっても仕方なかったといえます。しかし渋江宗家は藩の特別な計らいにより、和光を当主として家名が存続しました。先祖である「渋江政光《まさみつ》」が大坂冬の陣で戦死しているので「先祖抜群之戦功」であり（この時から約百九十年前の出来事ですが）、さらに一七七八年（安永七年）に秋田藩のお城である久保田城が焼失した際、渋江家の屋敷が「仮御殿」になった点を配慮したとの旨が、秋田藩の公式文書として残っています。[20]

渋江宗家の跡を継いだ和光の知行高は二千九百六十二石（一八一一年〔文化八年〕時点）であり、これは秋田藩の中でも最上位層に位置する石高の多さです。[21] ただし後を継いだときは十三歳の若年であったため、実父である「渋江光成」と、親族である「荒川宗十郎」の二名が「加談（補佐役）」を命じられています。なんとか無事に宗家を継いだものの、和光は亡くなるまで、宗家の先祖の多くが就いてきた家老職にはなれなかったようです。

ともかくも宗家に養子に入って偉くなってしまった和光でしたが、日記を書き始めて間もない二十四歳のときに、親の介護に直面します。実家に住む実父・光成が、一八一四年（文化十一年）十月六日に、中風を再発して倒れてしまったのです。その日の日記には、以下の記述があります。

「九ツ時少過根小屋か丶さまより御使者にて、親父様中風御当り直しにて御勝不被成候故、早々参候へと中来候故、……」

（正午過ぎに根小屋の母から御使者があり、親父様が中風を再発してしまい、体調が宜しくありません、早々に参られたしとのお知らせがありましたので、……）[22]

文中にある「根小屋」とは和光の実家のある地名であり、久保田城の南側に広がる武家屋敷街の一つである「東根小屋町」を指します。先述の通り、和光は分家である渋江光成の家を継ぐはずでしたが、十三歳のときに渋江宗家の養子となりました。そこで和光の代わりとして実家では、和光の妹の夫であり、秋田藩士の宇都宮家から迎え入れた婿養子・「渋江左膳光音《さぜんみつね》」が光成と暮らしています。この人は和光と近しい間柄で、「左膳」と呼ばれて日記にも頻繁に登場しますが、光成が倒れたとの知らせを受けた日、和光はこの左膳と一緒に夜を徹して光成のケアに当たりました。

そして翌七日、和光は五ツ半時過（午前八時過ぎ）に東根小屋町の実家から宗家に戻っています。一晩ずっと実父の傍にいて、朝になってから帰宅したわけです。宗家は東根小屋町の通りを北に進み、堀・門を通った先の三の丸の一角にあり、およそ五百メートルほどの距離です。和光は自宅に戻った後、午前十一時頃からひと眠りして午後一時頃に起き、午後二時には再び実家に行って、午後十時過ぎに帰宅したと日記に記しています。

「看病断」の申請手順

翌十月八日には、倒れた光成の様子から介護が長期にわたると判断したのか、藩に対して「看病御暇申立」を行っています。ここでいう「看病御暇」とは、先に触れた「看病断」＝介護休暇に該当するものです。和光は一八〇七年（文化四年）から一八三七年（天保八年）まで、途中間が空くものの、延べ二十三年にわたって家老に次ぐ役職である「御相手番」を務めました[23]。実父が倒れたときはこの職に就いていた時期に重なります。そのため看病御暇を取る旨は、職場の同僚である「同役衆」に対しても回文（回覧板のようなもの）の形で通知しています[24]。

「看病御暇」の申請が受理された和光は、この日以降、連日実家通いをして父の看病を続けていきます。和光の介護形態は、現代でいう別居介護に該当し、さらにいえば、自宅から「スープの冷めない距離」に住んでいる親の介護をする、「近距離介護」に当てはまります。

遠く離れた実家に住む親を、航空機や新幹線で定期的に通って介護することは「遠距離介護」と呼ばれ、大学や就職を機に地方から大都市圏に出てきた人が直面しやすいケア形態です。一方で「近距離介護」は、親とは別居しているものの、お互いが近くに住んでいる場合の老親介護です。「実家がマンション・狭小住宅で同居するには手狭なので、子供は実家を出て近場に居を構える」などの状況が起こりやすい都市部で良く見られます。

渋江和光の場合は婿養子に入ったことで実父と別居しているわけですが、親が住む実家と自宅との距離が近いため、毎日行ったり来たりしてケアを続けたわけです。

ただ和光は父の介護のため、具体的に何をどうしたかまでは日記に残していません。『水野伊織日記』に見られた「暁九時両便御快通」のような内容は見られないのです。しかし看病のために何時に実家に行き、何時に自宅に戻ったのかを毎日記録し続けています。何日かピックアップしてご紹介しましょう。

十月九日　「四ツ半時帰宅申候」「日暮より又々根小屋へ参申候て、夜四ツ半時頃帰宅申候㉕」

十月十四日　「九ツ時帰宅申候而、七ツ半時頃より又々罷越申候㉖」

十月二十日　「九ツ時帰宅申候」「七ツ半時過より又々根小屋へ罷越申候㉗」

十一月六日　「九ツ時帰宅申候」「日暮より又々根小屋へ罷越申候㉘」

シンプルな文面なので訳は省略しましたが、おおむねの傾向として、夜中ずっと実父の傍にいて、翌日の「昼九ツ（正午頃）」前後に宗家の自宅に戻っています。そして自宅で一休みした後、「昼七ツ半（午後五時頃）」前後にまた実家に出向く生活を繰り返しています。やや早めに自宅に戻る日もありますが、基本的にこのパターンを厳格なまでに維持し続けました。例えば十一月三日には次のような記述があります。

「七ツ時より小場小伝治殿被参候、我等ハ小伝治殿被居候内申断、七ツ半時過根小屋へ罷越申候」

（午後四時に小場《おばこ》小伝治《てんじ》殿がいらっしゃった。私たちは小伝治殿がいらっしゃるうちに断りを申し上げて、午後五時過ぎに根小屋に行きました(29)）

来客中であってもいつもの「ケアに行く時間」が来ると、退出して実家に向かっているのです。ここからは毎日どのようにケア・見守りを行うかのスケジュールを事前に取り決めていて、それを守ろうとしていたのでは、といった想像もできます。もしそうなら、実家の「左膳」ともケア方針について相談・取り決めをしていたのかもしれません。

こうした近距離介護生活を一カ月半以上続けたところ、父・光成の状態が次第に改善していったようで、十一月二十二日に次のような記載があります。

「此間根小屋ニ而も格別御快気ニ趣候故、……看病御暇御礼并返上之義問合候処、……」
(このところ根小屋の実父も格別快方に向かいましたので、……看病御暇の御礼およびその返上について問い合わせましたところ、……)(30)

ケアを必要としていた実父・光成の体調が良くなったため、看病御暇を返上する意思が読み取れます。その後二十七日に、正式に看病御暇を返上して出勤する旨を伝える回文を「お相手番」の同役衆に送っています。

看病御暇を返上した後は、出来る日はやっているようですが、基本的には泊まりがけでの介護は行わないようになります。しかし実家に向かえないときに行っていることがありました。例えば十二月六日には以下の記述があります。

「根小屋へ御容子御尋使者指遣候」
(根小屋にご様子を尋ねるための使者を遣わしました)(31)

この記述の前日である五日はかなり忙しかったようで、日記の中身は仕事関連の内容で埋め尽くされています。こうした実家に行けなかった日の翌日には、父の様子を尋ねる使者を送っています。看病御暇を取得中は毎日欠かさず実家に通い続け、休みを返上した後でも、使者を送って状態の確認を行っているわけです。ただこの使者を送る行為も、わざわざ尋ねなくても良い状態まで回復したのか、十二月の下旬頃になると見られなくなってきます。

この和光の約一カ月半に及ぶケアの記録からは、当時の武士が持つ親への孝心の篤さが改めて感じられます。先に紹介した『水野伊織日記』の水野重教もそうでしたが、渋江和光も実家を出て養子に入っています。他家の人間になっているのに、実父が要介護状態になったことを知るや否や、わき目もふらずに実家通いをしてそのケアに当たっています。

しかも和光にいたっては藩の重鎮であり、家老に準ずる「御相手番」の職に就いていました。現代人が持つ素朴なイメージとしては、それほど身分の高い人であれば、ずっと家にいる妻や使用人などに介護を任せきりにして、自身は介護については何もしない……などの状況が起こりそうにも思えます。実際、和光の実家には、和光の妹や「根小屋かかさま[32]」などの女性も父・光成と一緒に住んでいました。しかし和光は父の介護を任せきりにせず、「看病御暇」を藩にわざわざ申し出て、実家通いをして実父のケアに当たっています（もっとも渋江家は由緒ある武家なので使用人も多いでしょうから、そうした人たちにあれこれ指示・命令することも多かったとは思われますが）。

この「息子が率先して父の介護に取り組む」「女性ではなく男性が介護の中心役になる」などの特徴は、水野重教、渋江和光に共通している事象といえるでしょう。なお、和光の実父・光成の介護には、妹の婿養子である左膳もまた、「看病御暇」を取得してケアに当たっています（和光が「看病御暇」を返上してから二日後である十一月二十九日の記録に、「左膳」も同様に返上して出勤したとの記載があります）。もちろん介護には光成の妻や娘も協力していたとは思いますし、介護現場で使用人があれこれ指示される状況もあったとは思います。しかし和光と左膳は、父（和光にとっては実父、左膳にとっては義父）のケアを最優先事項として位置づけ、父が倒れた翌々日に藩から介護休暇をとって、体調が安定するまでしっかりと介護に向き合っていたわけです。

なお快方に向かった父・光成は、年が明けた一八一五年（文化十二年）一月に剃髪《ていはつ》して名前を「逸斎《いっさい》」と改め、隠居生活を送りました。外に出歩いたりしているので、病後も元気だったようです。それから約三年後の一八一八年（文政元年）八月十二日に脳卒中の再発により倒れ、翌十三日に亡くなっています。倒れたときはすでに重体で、和光は十二日に看病御暇を藩に申し出ました。しかし介護する必要はなかったわけです。光成の最期は苦しむこともなかったようで、ピンピンコロリの大往生を迎えたといえます。亡くなる直前の三年の間に、和光は結婚して子供も生まれていました。和光の子、つまり光成にとっては孫の顔を見られたので、幸せを感じられたのではないでしょうか。

当時の要介護状態となる原因とは――『孝義録《こうぎろく》』から読み解く――

厚生労働省が二〇一九年（令和元年）に行った「国民生活基礎調査」では、介護保険の要介護認定（要介護一～五）を受けている人が、要介護状態となった原因を調査しています。それによると、最も多かったのは「認知症」[33]で全体の二十四・三%を占め、次に多かったのが「脳血管疾患（脳卒中）」の十九・二%でした[34]。認知症は認知機能が低下する進行性の症状で、介護者の支援が不可欠となります。脳血管疾患は脳内の血管に異常が生じる病気で、最悪の場合は生命に関わる容体となり、無事に一命を取り留めても、半身麻痺など介護なしでは生活できない重い後遺症が残るケースも少なくありません。

介護保険の要介護認定を受けているのは、基本的に六十五歳以上の高齢者です（特定疾《しっ》病《ぺい》を除く）。つまり認知症（アルツハイマー型認知症、脳血管性認知症、レビー小体型認知症など）と脳血管疾患（脳梗塞や脳出血、くも膜下出血などの脳卒中）が、高齢者を要介護状態にする原因の四割以上を占めているわけです。
以上は現代の状況ですが、では江戸時代はどうだったのでしょうか。

江戸期の高齢者の病気や介護の実情を知る史料の一つに、『孝義録』があります。『孝義録』とは、当時の統治者であった幕府・藩が「善行者」として表彰した人々の記録を、後年になってから編纂したものです。表彰対象者となるのは武士・非武士の両方ですが、人口の違い等もあり、掲載されているのは多くが庶民層です。内容は文字通り記録であり、誰がどのような善行を行ったのかがデータとして記されています。全国の各藩で計百以上も編纂されましたが、特に幕府が一七八九年（寛政元年）に作成を始めた『孝義録』は全国各地の善行者を網羅した大々的なもので、一八〇一年（享和元年）には『官刻《かんこく》孝義録』として全国で市販までされています[35]。

現代の行政による「善行者」の表彰といえば、市民が犯罪や事件を防いだときに、地元の警察署が感謝状を贈る場合などが挙げられるでしょう。しかし当時の行政が褒める「善行者」の定義は、現在とは大きく異なります。

「善行者」に該当する条件は、孝義録によって多少の違いはあるようですが、基本的には儒教的な徳目において評価されるべき行動を取った者が対象です。例えば幕府の『官刻孝義録』の場合だと、表彰対象となる徳目は「孝行（親に対して真心を持って尽くしている）」

「忠義（主君・主人に真心を持って仕えている）」「忠孝（臣下・子としての義務を果たしている）」「貞節《ていせつ》（妻が夫に対して操《みさお》を守っている）」「兄弟睦《むつまじ》（兄弟仲が良い）」「家内睦（家族の仲が良い）」「一族睦（一族の仲が良い）」「風俗宜《よろし》（しきたり・慣習を守っている）」「潔白（心・行いが正しい）」「奇特（心がけ・行いが褒めるに値する）」「農業出精（農業に励んでいる）」の十一項目です。これらの各項目において、特に領内で評判の良い者、目立って実績・成果を残した者が表彰されたわけですが、このうち特に重要視されたのが「孝行」です。(36) 孝行とはその名の通り親孝行をした子を表彰するもので、表彰対象となる善行が孝行以外に複数ある場合でも、孝行が優先して表彰されました。「孝」は儒教において最も重視される徳目の一つで、幕府・藩から善行者として率先して表彰されたわけです。

なぜ幕府は「孝行」を重視したのか？

このような表彰制度が実施された理由を考える際、ポイントとして考えられるのが、幕府・藩がわざわざ『孝義録』を編纂して公表までしていたという事実です。為政者側としては、秩序ある統治に貢献してくれる人（親孝行者、忠義者、兄弟仲が良い者など）を表彰してその名を公表することで、領内の人間に「こう生きるべし」という生き方のモデルを示す意図があったと考えられます。さらに表彰された場合、名誉心を満たせることに加えて、米なども褒賞として支給されるので、表彰された人をうらやましく思ったり、自分も励もうと考えたりする気持ちを生み出す効果も一定程度あったのではないでしょうか。

また幕府・藩としては善行者の表彰・公表を通して「自分たちの統治は、善行者の領民を生み出すほどに上手くいっている」というアピールを内外に行う機会にもなったと考えられます。統治が不十分だと民心が乱れ、善行を進んでしようと思う領民は少なくなるでしょう。善行者の公表は、統治者の政治力・行政力の誇示にもつながるわけです。

そんな『孝義録』ですが、徳目として挙げられた「孝行」や「忠孝」などの中には、親や雇い主を介護したケースが多数含まれています。介護負担を耐え抜き、最後を看取った者を善行者として表彰したわけです。また介護で表彰された者のストーリーが細かく記載されており、どんな病気にかかり、どのように介護したのかも合わせて記されています。つまり『孝義録』にある表彰者の介護行為を読み解けば、当時の要介護状態の原因となる病気と介護の実情が垣間見えるわけです。

『孝義録』に関する史料研究は蓄積が進んでいますが、その中に一六七七年（延宝五年）から一八四八年（嘉永元年）までの『仙台孝義録』を対象とした研究があります。[37] この『仙台孝義録』は表彰数が庶民五百件、武士六十四件の計五百六十四件に上り、表彰事例の内容も細かく記述された貴重な史料です。このうち、孝行や貞節、悌順《ていじゅん》（年長者、兄に真心を持って仕える）など「家庭道徳」に関わる徳目に分類できるもの（複数徳目での表彰も含めて）の五百十四件のうち、扶養・介護が行われている事例は四百十八件に上っていました。[38]

このケースにおいて、要介護者の疾病・障害の種類を分類した場合、病名・障害名が判明するもので突出して多くみられるのは、目の病気（「盲目・失明」が五十件、「眼病」が十五件）と中風（四十九件）です。それ以外に「らい病」「麻痺」などの症例も見られますが、件数はそれほど多くはありません。もっとも病名・障害名が判明せずに「病」とだけ記されている場合も多く、さらに東北地方の気候や食習慣などが影響しているとも考えられます。

また表彰されなかった介護も多数あったわけで、そちらのデータもあればまた違った数値となる可能性もあります。例えば、現代でいう重度の認知症に該当するかもしれない「心疾」や「狂疾」なども、表彰数こそ少ないものの（心疾は二、狂疾は一）、現代の高齢者における発症割合の多さを考えれば、当時も相当数の高齢者において発症していたのではないかと推測できます。

それでもひとまず『仙台孝義録』から得られるデータとしての「盲目・失明・眼病」「中風」の多さを踏まえると、「目の病気」と「脳卒中」が、江戸期の多くの高齢者を要介護状態にさせた重大な要因であったとは考えられるでしょう。

江戸期の日本人に多かった眼病・盲目の人

江戸期における要介護状態の原因として特に多かったと考えられる目の病気については、当時の書籍・史料にも言及が見られます。

江戸幕府は一六三九年（寛永十六年）から一八五四年（嘉永七年）まで鎖国政策を取っていましたが、長崎は例外とされ、西洋諸国ではキリスト教の布教禁止を条件にオランダのみが交易を認められていました。長崎に来たオランダ人には医学者も含まれており、日本人に目の病が多い点について記録を残しています。

例えばオランダの東インド会社の外科医として一七七五年（安永四年）に長崎に来たツンベルク（Carl Peter Thunberg）は、帰国後に旅行記を出版しましたが、その中で目に疾患のある日本人が多かったと記述しています。

「百姓はよく赤眼になり又爛目《ただれめ》になる。これは炭の煙のためであり、便所の蒸發氣のためである(39)」

ツンベルクは医学だけでなく植物学も研究していて、日本の植物を採集する意図もあり、東インド会社の商館長に随行して長崎から江戸まで旅しています。その際、途中の村や町での暮らしを観察し、感じたことを記録に残していたようです。当時の日本に住む百姓には赤眼（目が赤く充血）、ただれ目の者が多く、その原因として炊事や風呂、火鉢などで受ける炭の煙、さらに便所の水蒸気（当時のトイレは換気扇などがない汲み取り式）を指摘しています。原因の正確性はともかく、目の具合が悪い日本人を多く目撃したのは確かなようです。

幕末期に長崎に来てオランダ医学を日本に伝えたポンペ（Johannes Lydius Catherinus Pompe van Meerdervoort）も、ツンベルクと同じく帰国後に滞在記を執筆していますが、そこには日本における盲目患者の多さと眼科外科学の実情について述べられています。

「眼病もまた日本にはきわめて多い。世界のどこの国をとっても、日本ほど盲目の人の多いところはない。その理由は、眼病の治療法をまったく知らないことにその大半の原因がある。そのために、はじめによく処置すればまもなく全快するような病気が、結局失明に終わってしまうということもきわめて多いのである。網膜疾患は特に多い。白内障もしかり……(40)」

「世界どこの国といえども、日本ほど眼病患者の多いところはない。それについて、長崎での経験を材料にして眼病に関する一つの統計をつくらねばならなかったが、それによると、住民の大体八%は眼病にかかっているといわねばなるまい。……日本全国を通じてみて眼病はずいぶん多い。……日本内地には多数の盲人がいるが、その大半は治療法の誤りによるものである[41]」

さらにポンペは日本で眼病が多い原因として、「強い酒の飲み過ぎ」「熱い湯に入って、そのとき頭を濡らさない」「運動不足のための腹部の充血（日本人は「散歩」を知らないとも指摘）」「性的放蕩」「寄生虫病」などを挙げています。こちらも原因の正確性はともかく、日本で盲目の人が多かったことを端的に示す史料といえるでしょう。

なお現代でもそうですが、目が不自由だからといって、必ず「要介護」になるわけではありません。先天的もしくは比較的若いうちに視力を失った場合は、その状況に適合し、ある程度自力で生活することが可能です。江戸期においても、あん摩や三味線弾きなど働く方法はありました。しかし老いを迎え、心身がすでに衰えている状態で視力を失うと、子供のお世話になるケースが多かったと思われます。

中風で半身麻痺に

脳梗塞や脳出血のような脳卒中・脳血管障害を発症し、なんとか一命を取り留めたものの、その後遺症により半身麻痺などの症状が残ることを、近代までは主に「中風（ちゅうぶ・ちゅうぶう・ちゅうふう）」と呼んでいました。(42) 江戸期の医師であった香月牛山《かつきぎゅうざん》が、その著『牛山活套《ぎゅうざんかっとう》』の中で中風について次のように述べています。

「中風ノ症、真中類中ノ二ツアリ……卒《ニハカ》ニ倒仆《タフボク》シ、口眼喎斜シ、口噤テ不語《カタラズ》、痰沫を吐シ、或ハ食物を吐出シ、人事ヲ不知《シラズ》……」(43)

「中風急証多《オオク》ハ退テ後、但《ソノ》手足不遂《カナハズ》、或ハ言語蹇澁《ケンシウ》スルハ氣血ノ虚也……」(44)

ここでは、中風の症状として、急に倒れる、口・眼窩がゆがむ、話せなくなる、痰または食べ物を吐き出す、意識を失うなどがあり、後遺症として手足が不自由になる、言葉をスムーズに話せなくなるといった状態が見られる、などと記されています。これらは現代でいうところの脳卒中の典型的な症状・後遺症と合致しています。病気が引いてから見られる「手足不遂」は半身麻痺などによる運動障害、「言語蹇澁」は言語障害に該当し、重度の場合は要介護状態となります。

江戸時代の儒学者であり本草学者（薬学者）である貝原益軒《かいばらえきけん》の『養生訓《ようじょうくん》』にも、中風に関する説明があります。

「中風は、外の風にあたりたる病には非ず、内より生ずる風に、あたれる也。肥白にして気すくなき人、年四十を過《すぎ》て気衰ふる時、七情のなやみ、酒食のやぶれによつて、此病生ず。……内より風生じて手足ふるひ、しびれ、なえて、かなはず、口ゆがみて、物いふ事ならず。……手足なえしびれて、不仁なるは、くち木の、性なきが如し。気血不足してちからなく、なへしびるる也[45]」

（中風は外の風にあたった病気ではない。内に生じた風にあたったのである。からだが肥えて色が白く気の少ない人が、四十を過ぎて気の衰えた時、七情の悩みや酒食の損傷によってこの病気がおこる。……内から風がおこって、手足がふるえ、しびれ、麻痺し、思うようにならず、口がゆがんで物が言えない。……手足が麻痺し、しびれ、感覚がなくなって枯木が性を失ったようになる。気血が不足して力がなく、麻痺し、しびれるのである[46]）

益軒が紹介している手足のふるえやしびれ、麻痺、口がゆがんで物がいえないなどの症状は、香月牛山と同じく、現代でも当てはまる典型的な脳卒中の後遺症です。その上で中風になりやすい状況として、太って色白でもともと気力の少ない人が、四十歳以上となりさらに気力が衰えたときに、七情（喜・怒・憂・思・悲・恐・驚など）の悩みによってストレスを抱えたり、飲み過ぎ・食べ過ぎで生じると指摘しています。この発症要因に関する言及も、現代でいう脳卒中の原因に通じるところがあるのではないでしょうか。益軒は、長生きする上で防ぐべき病として、この中風を取り上げています。

当時、実際に中風の病となった有名人が、「やせ蛙　負けるな一茶《いっさ》　これにあり」などの作者として知られる俳人・小林一茶です。一茶は一七六三年（宝暦十三年）に信濃国《しなのこく》（現在の長野県）の農家に誕生。後に江戸に出て俳諧を学び、俳人として多くの句集や句日記を出版し、一八二八年（文政十一年）に六十五歳で亡くなっています。江戸時代に六十歳以上まで生きたのですから、当時の基準では長寿の部類に入るとは思われますが、晩年にひどい中風に悩まされたようです。

最初に発病したのは、一八二〇年（文政三年）で五十七歳の頃です。十月の雪の日、門人の西原文虎の家に向かう途中、雪道で転んだことが原因だったようで、外傷性脳出血が生じたのかもしれません。一時は半身不随となり、言語障害も生じたようですが、その後なんとか快方に向かいました。ところが一八二四年（文政七年）に、信濃国善光寺にあった門人・上原文路の家で中風が再発。その後、急速に衰えていったといいます。[47]一八二〇年に初めて倒れてから一八二八年に亡くなるまで、足掛け八年も脳卒中による闘病生活を送ったのです。

江戸時代の認知症

先にもご紹介した通り、令和の日本人にとって、認知症は要介護状態となる主要な原因の一つです。そのため現代と比較する意味で、江戸時代の認知症についても取り上げておきましょう。ただ当時は認知症とその原因となる病気（アルツハイマー病や脳卒中、レビー小体病など）の関係性は判明しておらず、「ほうける（ぼける）」「耄《もう》になる」などのいい方で、高齢になれば誰にでも生じ得るものとして考えられていたようです。つまり中風や眼病のような特別な病気・症状との認識が少なく、そのために『孝義録』などで捉えにくい面があったのかもしれません。

認知症の症状と見られる一例が、新井白石の『折たく柴の記』に見られます。白石は身分も大して高くない武士の家に生まれながら、勉強を重ねて甲府藩（享保の改革時に廃藩）に仕官し、やがて幕政に加わって「正徳の治」と呼ばれる治世を導いた人物です。彼は『折たく柴の記』で、父の友人が認知症らしき状態となった際、父が述べた言葉として次のように記しています。

「およそは、人の気力は齢と共に衰へぬるものなれば、耄すべき期《ご》至りぬれば、いかにつゝしみおもふ心ありとも、耄せざる事を得べからず。……老《おい》たる人の耄せしと見ゆる事は、いふまじき事をもいひ、なすまじき事をもなす。これをすぶるに、たゞよく物を忘れぬるによる也。……わかき人のわすれしは、たゞ其時にあたりてわすられし、とのみきく人もおもふ也。年老ぬるがさだかならぬ事どもいふをば、耄しにけりとこそおもふものなれ[48]」

（一般に人間の気力は年とともに衰えるものだが、老いぼれる時期になると、どんなに慎重にしていても、ぼけずにはすませられない。……老人がぼけて見えるのは、言うべきでないことを言い、してはならぬことをするからである。要するに、よくもの忘れをするからなのだ。……若い人が忘れたのは度忘れだ、と尋ねる人も思うものだ。老人がはっきりせぬことを言うと、いよいよぼけたと思う[49]）

白石は父からこんこんと耄・ぼけ＝認知症について教えてもらっているのですが、「ぼけずにはすませられない＝高齢者の誰にでも起こり得ること」「よく物忘れをする＝記憶障害」「物忘れが生じると、若い人なら度忘れで済ませられるが、老人の場合はいよいよぼけたと思われる＝高齢者に多い」など、現代で把握されている認知症の特性に近い言及がされています。

また江戸時代の随筆や日記などを集めた『随筆百花苑』にも、認知症について触れたとみられる話が掲載されています。これは老いた父の介護をしていた子が記したもので、当時でいうところの「耄」の症状が詳しく記載されています。

「追〻老毛して、日のあるうちより、行燈《あんどん》をつけよナゼつけぬといふ故、八つ半頃より雨戸を立て行燈をともしたり。……朝飯をあがりてすぐさま飯をくわせよといふ。ハイといふて膳を出ス。食仕舞少し過て又飯をくハせよといふ」

（しだいに老いほうけて、日中の明るいうちから「行燈〔照明器具〕をつけよ、なぜつけないのか」というので、八つ半〔午後三時頃〕に雨戸を立てて行燈をともした。……朝食の後すぐに「飯をくわせろ」という。「ハイ」といって膳を出す。食べて膳を片付けるとまた「飯をくわせろ」という[50]）

　食事に関する「物忘れ」と「認知症」の違いとして、ただの物忘れの場合は「何を食べたのかを忘れる」、認知症の場合は「食べたこと自体を忘れる」とよくいわれますが、文中の朝食について述べられた箇所は、まさに認知症特有の症状ともいえます。こうした認知症に該当すると思われる記録が江戸期では少なからずあるため、発症する人は相当数いたと推測されます。

　ここまで要介護の原因となる主な病〔眼病、脳卒中〕、さらに当時の認知症の記録について見てきました。取り上げた文献以外にも、江戸時代の病状に関する具体的な記録は多数あります。今後さらに史料研究が進めば、当時の高齢者の病と要介護状態との関係性について明らかにされていくでしょう。

庶民層の介護の実態

冒頭では武士の介護についてご紹介しましたが、庶民の介護事情も気になるところです。ここでいう庶民とは、江戸時代に武士の支配を受けていた農民や町人など非武士階級全般を指します。当時の庶民層における「家」は、二～四世帯程度の家族が基本単位で、親が老いて要介護となった場合、配偶者、子供あるいは孫に面倒をみてもらうのが一般的です。江戸時代の初め頃までは、中世から続く傍系親族（兄弟の家族など）や隷属者（下人など）を含む大家族が形成されることも多かったようですが、江戸時代になって農業生産力が安定してくると、傍系親族が独立できるようになり、隷属者も小作農などを通して家族を持ち自立しました。そのため高齢者介護についても、同居する夫または妻、子供・孫世代による対応が多かったといえます。

では具体的に、江戸時代における庶民の介護現場はどのようなものだったかを、先述の『官刻孝義録』からピックアップしてみます。ただし既に述べた通り『孝義録』に掲載されているのは表彰の対象であり、当時の為政者が良しとした親孝行者による理想的な介護事例です。そこに記載されている介護が一般的とは必ずしもいえませんが、それでも当時の様子は垣間見えるでしょう。

幕府が一七八九年（寛政元年）に編纂を始めた『官刻孝義録』は巻一〜巻五十までの全五十冊からなり、飛驒国以外のすべての国の事例を網羅しています（なぜ飛驒国が無いのかは不明）[51]。登録されている善行者の総数は約八千六百名に上り、そのうち約一割の者については、表彰されるまでの行為が書かれた「伝文」が付与されています。最も古い事例は一六〇二年（慶長七年）ですが、一六八〇年（延宝八年）頃から毎年、表彰事例が掲載されるようになります。

『官刻孝義録』で表彰対象となるのは、先にも触れた通り孝行、忠義、忠孝、貞節、兄弟睦、家内睦、一族睦、風俗宜、潔白、奇特、農業出精の十一種類です。このうち「孝行」の中に親に対する子の介護行為、「忠義」の中に奉公人の主人に対する介護行為が含まれています。「伝文」が付与されたものについては、表彰に至るまでの行為が細かく記されており、実際の介護の様子がある程度分かります。ただ伝文は長いものが多く、全文掲載は難しいため、内容のまとめをご紹介します。

・大和国（現在の奈良県）高市郡観音寺村に住んでいた「小ゆり」「くに」の姉妹

観音寺村に住んでいた百姓・佐兵衛には四人の娘がいました。佐兵衛は長年目を病んで、片目が見えなくなり、もう一方の目はおぼろげに見える状態。中風も重ねて発症し、農作業も不自由になりました。

四人姉妹のうち、長女の「小ゆり」は婿を取ったのですが、後に婿は家を出てしまいます。二女、三女は結婚して家を出て、末っ子の「くに」と「小ゆり」とで父・佐兵衛の暮らしを支えていました。また母も持病があり、「小ゆり」と「くに」は二人で両親の世話を続けました。

やがて佐兵衛は盲目となり、家の中での行動も思うようにいかなくなりましたが、「小ゆり」と「くに」は佐兵衛が厠《かわや》（トイレ）に行く際には移動の介助を行いました。必要があれば、いついかなるときでも助けないことはなかったといいます。そのうち佐兵衛は体が弱り、家の中にこもりがちになります。気分が良い日は家族が使う草履を作りましたが、二人は「父の作ったものだからもったいない」と、母にだけ履かせました。

その後も「小ゆり」と「くに」は父母のケアを丁寧に続け、やがて佐兵衛は七十九歳で亡くなります。生前、父が田んぼのあぜ（土のしきり）を触ったときにできた手形に目印の竹を立てた二人は、それを形見として大事にしたそうです。二人は領主から「孝行者」として表彰され、銀をもらいました。(52)

両親のケアをした姉妹の介護事例です。父は眼病と中風を患い、自力で厠にも行けなくなったため、「小ゆり」と「くに」は排せつの支援を行っています。父の手の跡を形見として大切にした様子から二人の父に対する深い愛情が読み取れます。

・越後国（現・新潟県）三島郡成澤村に住んでいた「七郎右衛門」

七郎右衛門は百姓で、保有する田畑は十四石。もともと家が貧しかったのですが、母に仕えて親孝行を尽くした人です。母の体調が悪く、医者に診察してもらったところ、中風の症状が判明します。力を尽くして療養すれば、せめて二、三年ほど命は持つと思い、七郎右衛門は走り回って医療を求めました。夏は暑さで体を壊さないよう、うちわであおぎ、気血のめぐりに良いだろうと湯浴みもさせ、冬には温かくなるよう母の寝床に藁《わら》を入れたそうです。

農事が忙しいときでも、日に三〜四度母のもとへ行き、寝床に敷く藁と薬の状況を確かめてから田畑に向かいました。七郎右衛門は「郷横目」という役人としての顔も持っていましたが、そちらの仕事もおろそかにせず、母の世話と仕事とを両立。その孝行ぶりが領主に聞こえ、褒美として銭をもらいました。(53)

百姓としての農事、郷横目としての職務と、中風になった母の介護の両方にそつなく取り組んだ事例です。現在でも介護と仕事の両立は大変で、高齢化が進む中で社会問題として認識されつつありますが、当時も同様の状況が生じていたといえます。仕事をしつつも、親孝行を決して疎かにしなかったことで表彰されたわけです。

・備後国（現在の広島県東部）三上郡永末村に住んでいた「さこ」

「さこ」は三上郡永末村の百姓・孫七の妻で、十四年前に結婚して夫・義父母と同居を始めました。結婚当初の義父母は元気だったものの、十四年の間に老衰。義父は目が不自由となって耳も遠くなります。さらに先ごろ中風を患い、話す内容が分かりにくくなり、歩行も難しく、厠に通うことすらも困難になりました。「さこ」は時間を測って義父の用をさせて、どんなに急ぎの仕事があるときでも、義父の助けを最優先で行いました。

一方で義母は十年前から心と行動に異常がみられるようになり、「さこ」を怒り、ののしり、近くに来るなと追いやるようになりましたが、「さこ」は物やわらかにいいなだめて、篤く介抱し続けました。あまりに義母の状態がひどいので、親族が「夫婦でしばらく別の家に移り住んだらどうか」といったところ、「さこ」は「誰が二人の面倒をみるのか」

と反対しましたが、話し合いにより結局は別居することに。しかし別居後も「さこ」は朝夕の食べ物を届けます。義母は「夫婦で食べて余った物を持ってきているんだろう！」などといいましたが、「さこ」は介抱を続けました。

　その後二年が経過し、義父が完全に盲目となったため、義母一人では心もとないとして、「さこ」と夫は元の家に戻ります。義母の物狂わしさはますますひどくなり、義父は自力で食事もとれなくなっていました。「さこ」は手ずから箸を取って義父に食事をとらせ、背負って寺社へのお参りなども行います。その後、「さこ」の夫が先に亡くなり、夫の死から一カ月後に義父も七十四歳で亡くなります。その後、義母は不幸が続いたせいで悲しみ、自然と慈しみの心も生じて、「さこ」と仲睦まじく暮らしました。安永六年（一七七七年）、領主が「さこ」を孝行者として認め、褒美として米を与えました[54]。

「さこ」の義父は盲目、中風になり、義母は原文でいうところの「物のけのやうになやミ、老いほれて物くるハしくなり、さこを怒りのゝしり」などの症状が出ていることから、精神面の病あるいは認知症に該当しそうです。認知症は記憶障害や見当識障害（時間や場所が分からなくなる）といった中核症状だけでなく、暴言や妄想などを含む行動・心理症状（ＢＰＳＤ）が現れるケースも多いので、それが義母から「さこ」に向けられた可能性が考えられます。

最後の箇所で、義母は息子、夫が亡くなる不幸が続いたため悲しみ、自然と慈しみの心も生じたとありますが、一方で認知症がさらに進行して末期状態となり、極度の意欲低下や寝たきりに近い状態になったのでは、とも推測できます。「さこ」は義父母が要介護状態となりながら懸命に世話していたわけで、現代風にいうと「多重介護」に直面していたといえます。

なお「さこ」や先ほどの「小ゆり」、「くに」の場合は女性・娘が介護の担い手ですが、先に取り上げた武士の介護事例のように、江戸期の介護の担い手は比較的男性・息子が多かったようです。

先述の『仙台孝義録』を対象とした研究では、要介護となった老親の介護を親族の誰が担ったのかについて割合が算出されています[55]。老親の介護で表彰されている事例は三百七十三件あり、そのうち介護者として最多だったのは「男性（実子・養子・継子）」で、全体の五十二・五％（百九十六件）、次に多かったのが「女性（娘・養女・嫁）」の二十四・一％（九十件）、以下「息子（娘）夫婦」の十七・七％（六六件）、「子供」の三・五％（十三件）と続きます。「息子夫婦＋孫夫婦」や「息子夫婦＋孫」など一～二件のみ見られるケースも全体の二・二％（八件）ほど見られました。老親介護の担い手として「男性（実子・養子・継子)」が半数以上に上り、「女性(娘・養女・嫁)」の割合を大きく上回っています。

特に家が貧しくて息子が未婚の場合、息子が看る場合も多かったようで、「男性(実子・養子・継子)」の介護事例のうち十三件は、親の介護のために四十過ぎまで独身を強いられたり、孝行のためにあえて妻帯しなかったケースでした[56]。

ちなみに内閣府『令和3年版高齢社会白書』によると、現代人が同居の高齢者を介護する場合、息子や養子など男性の割合は三十五%、娘や息子の配偶者など女性の割合は六十五%です[57]。『仙台孝義録』の調査結果と現代では、介護の担い手となる性別の割合が大きく違っています。現代では、親に対する愛情の大きい子供が自発的に老親介護を担う事例も多いようですが、当時は家規範・男性優位の価値観が特に強く持たれていた時代です。「孝行」の担い手となることも含め、何事も矢面に立って責任を持つのが男子とされており、老親介護においても同様だったとも考えられます[58]。

オランダ人医師ポンペが見た貧困の中の介護

先に紹介した近世期の日本にやってきたオランダ人医師ポンペは、老親介護に取り組む貧しい娘と出会っています。その記録が残されているので、概要をご紹介しましょう。

娘は未婚の十七歳で、もともと両親と住んでいましたが母が他界。父親は眼病にかかり、ほとんど見えなくなったため仕事ができず、極貧状態に直面します。数カ月にわたって父親は日本人医師の治療を受けたのですが、一向に良くならないため医師はポンペに診てもらうよう勧めます。

その後ポンペが父親の眼を診察したところ、もはや治療のしようがない状態でした。ポンペは何度も訪問診療に出かけますが、その際、娘が父の生活を献身的に支えている様子を目にします。娘はポンペに会うたびに、なんとか目が良くなる方法はないかと尋ねますが不治の病だとしか答えようがありません。療養費を捻出するため、娘は家財道具を売り払ってお金を得ましたが、その方法にも限界がきます。母の葬儀にお金がかかった事情もあり、療養費の負担もままならなくなりました。そんな折、日本人医師が家に来て診療代を要求。娘は考える余裕がなくなり、父に相談しないまま自分の身を遊女屋に売りました。身代金（身売りをしたときに、遊女屋から家族・親族などに支払われる大金のことで、女性はその大金を返すために遊女稼業を強制される仕組み）で、医師への支払いをしようとしたのです。

後にポンペが往診に行ったところ、自分の娘がこんな形で居なくなってしまったので、父は絶望に打ちひしがれていました。気の毒に思ったポンペは身代金分のお金をすべて遊郭に支払い、娘を父のもとに戻します。父娘はこの行為に深く感謝し、ポンペが帰国する際も、父はポンペ宅を訪れてお礼を述べました(59)。

現代でもそうですが、介護には医療費・生活費が必要です。この父娘は幸いにしてポンペに救われましたが、江戸期には遊郭が全国各地にあった点を踏まえると、同様のことは広く生じていたとも考えられます。

非血縁者による介護

近世期では同居の子供による老親介護が主流でしたが、同居するのは血縁者のみとは限りません。例えば職人や商人などの場合、働き手である弟子や奉公人などが、師匠・主人と一つ屋根の下で共に生活していました。そのような状況で、もし師匠・主人が要介護状態となり、かつ子供・親族がいないときは、弟子・奉公人がケアをすることもあったようです。そのような表彰事例が『官刻孝義録』に記載されているのでご紹介しましょう。

・江戸新乗物町に住んでいた「久助」

久助は播磨国（現在の兵庫県）姫路の出身で、一七二一年（享保六年）三月に江戸に出てきて、新乗物町（現在の東京都中央区日本橋辺り）に住んでいた医者・石川東雲《いしかわとううん》に仕えました。

ところが一七三四年（享保十九年）頃から、東雲は中風を患って手足が思うように動かなくなります。医業の継続が難しくなり、次第に貧しくなっていきました。東雲はもはや自分の病気は完治できないと知っていて、久助に対して「暇を取らす（退職していい）から、どこにでも行って新たな主人に仕えなさい」といいましたが、久助は「長年仕えさせて頂いた身です。見捨てて出ていくことができましょうか」といって、介護を続けました。

久助は東雲の家に伝わる「木香丸」という薬を作って売ったり、仏様に供えるための樒《しきみ》（仏前に供える花）を売ったりして家計を支援。寒い時期には自分の着ていたものを東雲に着せ、手足が冷たくなれば懐に入れて温め、夏には自分の服を脱いで東雲の頭をあおぎ蚊よけをしました。こうした久助の長年の忠節を近隣の者が噂し、名主《なぬし》（町もしくは村の政治を取り仕切る役人）が町奉行に届け出たところ、褒美が下されました。[60]

久助にとって東雲は血のつながった老親・親族ではなく、江戸に出てから仕えた主人です。東雲は中風になって、医業が難しくなるほど手足が不自由になったので、片麻痺などの後遺症が生じたと思われます。そんな東雲を久助は懸命に支え、熱心に介護しました。

久助は「忠義者」として表彰されましたが、本人にとってみれば当時の幕府が重視した儒教的価値観を尊重したというより、端的に「お世話になった人を見捨てられない・恩返ししたい」という自然な情愛から介護に取り組んだようにも見えます。東雲に妻や子供がいなかったため、覚悟を決めて主人の介護に取り組んだようです。

主人の介護をするという形態は、封建的な価値観が払しょくされた現代では見られない介護のあり方といえます。商工業者に徒弟制度が導入されていた江戸期ならではの介護の一様相ともいえるでしょう（現代でも、徒弟の習慣が続いている業界では起こり得る状況かもしれませんが）。

また主人に対する使用人という上下関係に基づいた介護が行われていた一方で、同居する家族から主たる介護を受けず、「介抱人」ともいえる人が家にやってきて、介護が行われるケースも見られました。

この事例における要介護者は関口千恵（一七九七～一八六五年）という女性です[61]。千恵の生まれ故郷は武蔵国（現在の東京都、埼玉県、横浜市、川崎市からなる広大な国）の生麦村で、実家は農家ですが、村の名主を務めるような富農でした[62]。

千恵は十歳のときに大名屋敷の奉公に出て、十八歳まで二家の大名に仕えた後に退職。十九歳のときに江戸商人の松五郎と結婚しましたが後に夫が急死し、それから松五郎の弟と再婚したものの千恵が三十一歳のときに離縁。その後、江戸駿河台の旗本の家に奉公したのですが、やがてその縁で江戸城の大奥勤めをし、十一年間勤めあげた後で約三十年ぶりに生麦村に戻りました。その後、再婚話があったものの千恵は断り、独身のまま六十九歳でこの世を去りました。[63]

千恵の波乱に満ちた生涯は、当時の関口家当主による日記に詳しく書かれていて、特に千恵が生麦村に戻ってから介護を受けて亡くなるまでについては、当主がつぶさに観察してこと細かに記しています。関口家は歴代当主が家訓に従うようにして日記をつけ続け、分家して当主となった初代が日記を書き始めた一七六二年(宝暦十二年)から一九〇一年(明治三十四年)まで、百四十年にわたって書き続けられました。千恵が生きていた期間は千恵の父、弟、甥が当主となっていて、千恵の生涯を記したわけです。

千恵は先述の通り、四十を超えてから故郷の関口家に戻りましたが、彼女が帰郷後に病気で臥せった際、介護人として、家族以外の人が多数日記に登場しています。

例えば、千恵が四十六歳のときに「胸痛、肩背中痛強く、痰気咳出、発熱、往来勝れず伏す」状態となったのですが、その際に「介抱人、お銀、およね頼み、毎夜世話」という対応がされたようです。[64] この「お銀」や「およね」は関口家の者ではなく、外部から呼ばれた人です。また六十六歳のときには「少々時候当たりにて打ち伏せ候。北おその来て看病」、六十七歳のときには「不快に付き、おのふ介抱に来る」とあります。[65] これら「北おその」「おのふ」もケアのために呼ばれた人です。

千恵は亡くなる直前まで、比較的元気に過ごしていました。しかし一八六五年（慶應元年）九月八日に「少々不快」を感じて「末吉屋の老母」が泊りがけで看病し、翌九日は当主だった千恵の甥が「小嶋」という医師を呼んで診察をしてもらっています。医師は翌十日にも来ていましたが、千恵の容体が急変しその日の夜に亡くなりました。

千恵は江戸で結婚をして一児を設けていますが、離婚して故郷の生麦村に生活の拠点を移すときは、子供を連れず一人でした。このような人が高齢になって介護を受ける場合、子供以外の誰かからケアを受ける必要があります。幸いにして千恵は実家が裕福な大農家で、生麦村では誰もが知っている名主の家柄です。こうした家で病人が出ると、報酬の有無は不明ですが、何らかのコネクションによって介抱人の役割を果たす非血縁者が家の外部から呼ばれ、介護が行われることもあったと考えられます。

以上、江戸時代の介護の実像について、要介護状態となる原因も含めながら、武士層、非武士層（庶民）に分けて見てきました。しかしこのように当時の高齢者介護をひも解く場合、やはり「江戸時代に高齢者はどのくらいいたのか」「当時の平均寿命はかなり短いので、高齢者なんて皆無だったのでは？」などの疑問も同時に湧いてきます。さらには「江戸時代の頃、老いはどのように捉えられていたのか」といった老いに対する価値観、高齢者観も気になってくるでしょう。
そこで次章では、そもそも江戸時代において「老い」はどのように捉えられていたのか、について深掘りしてみます。

註

（1）水野重教著、宇野量介解説（一九八三）『水野伊織日記―沼津水野藩側用人の記録―』沼津市立駿河図書館。柳谷慶子（二〇〇一）「日本近世の高齢者介護と家族」比較家族史学会監修、山中永之佑他編『介護と家族　シリーズ比較家族第Ⅱ期４』早稲田大学出版部、一八二～一八六頁。
（2）水野、宇野（一九八三）、九六～九九頁。訳は筆者による。
（3）同右、九七頁。訳は筆者による。
（4）同右、一七三～一七四頁。訳は筆者による。
（5）同右、一七四頁。訳は筆者による。
（6）同右、一七四頁。訳は筆者による。
（7）同右、一七五頁。訳は筆者による。

(8) 同右。
(9) 同右。
(10) 同右、一七六頁。訳は筆者による。
(11) 同右、一七七頁。
(12) 同右、一七九頁。
(13) 柳谷(二〇〇一)、一八五頁。
(14) 同右、一八九頁。柳谷慶子(二〇〇七)『近世の女性相続と介護』吉川弘文館、二五九〜二八二頁。
(15) 柳谷慶子(二〇一一)『江戸時代の老いと看取り 日本史リブレット92』山川出版社、八九頁。
(16) 山田洋一(二〇〇五)「武士の介護休業制度」『総合資料館だより』No.145、京都府総合資料館。
(17) 同右、七頁。
(18) 柳谷(二〇一一)、八九〜九〇頁。
(19) 渋江和光著、秋田県公文書館編(一九九六)『澁江和光日記 第一巻』秋田県、二一三〜二一六八頁。柳谷慶子(二〇一一)、九四頁。
(20) 渋江、秋田県公文書館(一九九六)、一一〜一二頁。
(21) 渡部紘一(二〇〇〇)「幕藩制後期秋田藩における一上級武士の動静―渋江和光日記断章―」『秋田県公文書館 研究紀要』第六号、四〜五頁。
(22) 渋江、秋田県公文書館(一九九六)、二一三頁。訳は筆者による。

（23）同右、一二～一三頁。
（24）渋江、秋田県公文書館（一九九六）、二一五～二一六頁。
（25）同右、二一七頁。
（26）同右、二一八頁。
（27）同右、二二〇～二二一頁。
（28）同右、二二八頁。
（29）同右、二二七頁。訳は筆者による。
（30）同右、二三四～二三五頁。中略、訳は筆者による。
（31）同右、二四三～二四四頁。訳は筆者による。
（32）「根小屋かかさま」は和光の義理の母で、実の母は「真壁かかさま」と呼ばれ日記の中に別途登場しています。
（33）厚生労働省「２０１９年国民生活基礎調査の概況」https://www.mhlw.go.jp/toukei/saikin/hw/k-tyosa/k-tyosa19/dl/14.pdf（二〇二二年一月三〇日最終確認）
「認知症」はかつて「痴呆症（ちほうしょう）」などと呼ばれていましたが、痴呆は侮蔑的な表現である等の理由により、厚生労働省が二〇〇四年一二月に開催した「『痴呆』に替わる用語に関する検討会」において、「認知症」が適切な表現とされました。以後、日本の公的な場では「認知症」が一般的に使われており、本書もそれに準じています。引用した史料・文献中に認知症以外の用語が使用されている場合は、そのまま引用しています。

https://www.mhlw.go.jp/shingi/2004/12/s1224-17.html（二〇二四年一月三一日最終確認）
(34) 厚生労働省「2019年国民生活基礎調査の概況」
(35) 柳谷（二〇〇七）、一九六〜一九七頁。菅野則子（一九九九a）『江戸時代の孝行者「孝義録」の世界』吉川弘文館、三頁。
(36) 菅野（一九九九a）、四〜五頁。各項目の簡単な意味付けは筆者による。
(37) 柳谷（二〇〇七）、一九六〜二一〇頁。
(38) 同右、二〇〇〜二〇一頁。
(39) 山田珠樹訳注（一九六六）『ツンベルグ日本紀行』雄松堂書店、四四三頁。
(40) 沼田次郎、荒瀬進訳（一九六三）『ポンペ日本滞在見聞記　新異国叢書10』雄松堂書店、三二九〜三三〇頁。
(41) 同右、三四八頁。中略は筆者による。
(42) 丹波康頼撰、槇佐知子訳（二〇〇二）『医心方　巻三　風病篇』筑摩書房、一二頁。
(43) 大塚敬節、矢数道明編（一九八一）『近世漢方医学書集成61　香月牛山（一）』三四九頁。中略、文中の句読点は筆者による。
(44) 同右、三五一頁。中略、文中の句読点は筆者による。
(45) 貝原益軒著、石川謙校訂（一九六一）『養生訓・和俗童子訓』岩波書店、一一九頁。中略は筆者による。
(46) 松田道雄編（一九八三）『中公バックス　日本の名著14　貝原益軒』中央公論社、四一一頁。

中略は筆者による。
(47) 山本健吉、安東次男訳(一九七三)『日本の古典22 蕪村・良寛・一茶』河出書房新社、三一三頁。
(48) 新井白石著、松村明校注(一九九九)『折たく柴の記』岩波文庫、三三～三五頁。中略は筆者による。
(49) 桑原武夫編(一九六九)『日本の名著15 新井白石』中央公論社、五四～五五頁。中略は筆者による。
(50) 森銑三他編(一九八四)『随筆百花苑 第十二巻』中央公論社、二七六頁。訳は筆者による。
(51) 菅野(一九九九a)、四頁。
(52) 菅野則子校訂(一九九九b)『官刻孝義録上巻』東京堂出版、一八～一九頁。
(53) 菅野則子校訂(一九九九c)『官刻孝義録中巻』東京堂出版、三八四～三八五頁。
(54) 菅野則子校訂(一九九九d)『官刻孝義録下巻』東京堂出版、一三六～一三七頁。
(55) 柳谷(二〇〇七)、一九六～二二〇頁。柳谷慶子(一九九二)「近世家族における扶養と介護――「仙台孝義録」の分析から」渡辺信夫編『近世日本の民衆文化と政治』河出書房新社、一一九～一四〇頁。
(56) 柳谷(一九九二)、一二七頁。
(57) 内閣府(二〇二一)『令和3年版高齢社会白書』、三四頁。
(58) 介護の担い手における男性割合の高さは、その後見られなくなります。

『官刻孝義録』のような孝子を称える表彰システムは明治になってからも全国各地の自治体等で行われました。明治～昭和初期の表彰者をまとめた『日本孝子伝』（一九三六年出版）を対象にした分析では、表彰された男性の割合は「明治之部」で三十％、「大正之部」で二十・二％、「昭和之部（昭和初期のデータのみ）」で二十二・二％と江戸期よりもかなり低くなっています。表彰者には孝子以外に「義僕」なども含まれていますが、基本的に老親介護を行った人が多数表彰対象となっています。時代の移ろいとともに、介護の中心役が女性に移っていたことが、ここから一定程度読み取れるでしょう（折井美耶子〔一九九七〕「近代日本における老人の扶養と介護」歴史科学協議会編『歴史評論』№565、校倉書房、四七頁を参照）。

(59) 沼田、荒瀬（一九六三）、三四〇～三四二頁。内容のまとめは筆者による。

(60) 菅野則子校訂（一九九九b）、一二六～一二七頁。内容のまとめは筆者による。

(61) 大口勇次郎（一九九八）「「御殿伯母」関口千恵の生と死」横浜開港資料館・横浜近世史研究会編『日記が語る19世紀の横浜　関口日記と堤家文書』山川出版社、五～四八頁。柳谷（二〇〇一）、一七一～一七七頁。

(62) 鈴木良明（一九九八）「名主家の社寺参詣―天明～文化期を中心に―」横浜開港資料館・横浜近世史研究会編『日記が語る19世紀の横浜　関口日記と堤家文書』山川出版社、四九頁。

(63) 大口（一九九八）、三七～三八頁。

(64) 同右、一五頁。

(65) 同右。

第二章

江戸時代の「老い」の捉え方

時代によって変わる高齢者区分

「高齢者」の概念は時代によって変わります[1]。二十世紀の終わり頃までは、六十歳で定年を迎え、その後はいわゆる老後生活が始まるという見方が一般的であり、「六十歳」が現役世代と高齢者世代を分ける一つの境界だったように思われます。

しかし高齢化が急速に進む中、六十歳ではなく六十五歳まで働けるとの考え方が広まり、二〇一三年四月一日には「高年齢者等の雇用の安定等に関する法律」(高年齢者雇用安定法)が改正され、定年を六十五歳未満にしている事業主は「六十五歳までの定年の引上げ」「六十五歳までの継続雇用制度の導入」「定年の廃止」のいずれかの措置が求められるようになりました(二〇二五年三月まで経過措置が設けられ、同年四月以降は義務化)。その後さらに二〇二一年四月一日には、七十歳まで就業機会を確保できるようにすべく、再度改正法が施行されています[2]。

これらの制度上の動きは、年金制度などとの兼ね合いもあるものの、現代社会における「高齢者」に該当する年齢が上がっている実情を示しているともいえるでしょう。実際のところ見た目からして、かつての六十歳と現在の六十歳は違うとよくいわれます。「高齢者」に該当する年齢は、その時々の社会の通年・価値観によって変化が生じるわけです。

この点は、江戸時代の「高齢者」を考える場合も同様です。何よりも当時は現代に比べて医療水準が低く、若くして亡くなる人が現代よりもはるかに多かった時代です。江戸期には、現代とは異なる「高齢者」「お年寄り」の年齢区分に対する価値観が持たれていたと想像することは難しくはないでしょう。

江戸時代の高齢者人口は?

ここで江戸時代の高齢者区分について考える前に、一つ解き明かしておきたい問いがあります。それは、「そもそも当時、長生きした人はいたのか」という疑問です。

当然ながら江戸時代に、現在行われている国勢調査のような、人口に関する全国統一のデータ収集は行われていません。ただ人口学のモデルを活用すれば、当時を生きた人々の全体的な傾向としての各年齢層の割合を算出可能です。

この点について、高齢者の研究領域で取り上げられることが多い分析結果があります[3]。この分析では、「外部との移動のない社会で、年齢別の出生率と死亡率が長時間一定であると、初期の年齢構成に関係なく、年齢構成は一定に、また総人口も定率で増加する」というロトカ（Lotka, A. J.）の安定人口モデル、さらに人口学の大家であるコール（Coale, A. J.）とデメイン（Demeny, P.）の生命モデル表に関する研究成果等を基にしつつ、十九世紀後半以前の六十五歳以上人口の割合を計算しています。

その分析結果によると、全世界の紀元前から十八世紀までの総人口に占める高齢者の割合は、おおむね二～五％を平均水準として、上昇と下降を繰り返しながら推移していたようです。つまりこのモデルに沿えば、江戸時代以前の日本においても、おおむね全人口の二～五％ほどの割合で六十五歳以上の人が住んでいたとも計算できるわけです。

ただしこれはあくまで全世界の傾向に基づいた推計であり、実際に江戸時代の日本ではどうだったかまでは分かりません。しかし少なくとも、江戸期以前において統計学上、六十五歳以上人口はゼロではなく、それなりにいたことを示唆してくれる内容とはいえます。

では江戸時代において長生きした人はどのくらいいたのか、当時の史料をひも解きながら見ていきましょう。

先述の通り、この当時の全国的な人口データ記録はありません。ただ江戸時代の初めに領民の把握を主な目的とした人別改《にんべつあらため》、キリシタンを取り締まる宗門《しゅうもん》改《あらため》などの調査が行われており、その後十七世紀後半には、両者が合わさった宗門人別改帳も作られるようになりました。これらが現代でいうところの戸籍台帳の機能を果たしていた側面があります。ただし当時は大名ごとに統治領域が分かれていたので、記録のあり方が地域によって異なってはいました。

これら地域ごとの断片的なデータを収集した分析から、一六〇〇年頃の平均寿命はよくてもせいぜい三十歳前後、十八世紀には三十代半ば、十九世紀には三十代後半の水準であったことが明らかにされています(4)。

現代に比べると圧倒的に短い平均寿命ですが、当時は乳幼児の死亡率が現代に比べてかなり高めでした。この点、〇歳時点の平均余命を意味する「平均寿命」ではなく、「年齢ごとの平均余命」でみると、当時の実情がより見えてきます。例えば、信濃国湯舟沢村の平均余命（一六七五〜一七四〇年の期間）について史料をもとにした分析では、二歳時点での男子の平均余命は三十七・一年でしたが、六歳時点での平均余命は四十五・八年となっています(5)。つまり五〜六歳まで生き延びられれば、おおむね五十歳あるいはそれ以上まで生きられる人が多かったとの調査結果が出ているのです。死亡率が高い危険な年齢を過ぎれば平均余命は長く、七十歳以上の長寿者もまれではなかったと指摘されています(6)。

実際、江戸時代において、地域によっては全人口に占める六十歳以上の割合が十四％を超える高齢社会であったとの調査結果もあり(7)、現代の基準からみても「長生きできた」といえる人が相当数いたことを示すデータは多いです。

一例として現在の長野県にあった松本藩（約六万石）で一八〇八年（文化五年）九月に編纂された「松本御領分長生者御改帳」では、九十歳が十九人、九十一歳が十二人、九十二歳が九人、九十三歳が六人、九十四歳が三人、九十五歳が二人、九十六歳が四人、九十九歳が一人、百歳が一人、百一歳が三人、九十歳以上の「不明一人」がいた、との記録が残っています。(8) 六万石というと、現在だと地方にある市町村自治体ほどの規模です。それでも九十代が五十人以上、さらに百歳を超える人もいたわけです。もちろん、厳密・正確に年齢を測っていなかった可能性があり、実際の年齢とズレがあったかもしれませんが、一つの地域内を取り出してみても、それなりの数の長命者がいたと考えられます。

江戸時代では何歳から「高齢者」？

現代の基準から見ても長生きした人がそれなりにいた江戸時代ですが、では当時、何歳くらいから高齢者と考えられていたのでしょうか。もちろん「この年齢から高齢者です」という全国的な線引きが行われていたわけではないので、関連する諸現象から推測していくわけですが、読み解く一つのカギとなるのが当時の武家の養子制度です。

武家では実子の後継ぎがいない場合、他家から養子をとるのが常でしたが、養子は自由にとれるわけではなく、制度上においてその内容・方法が厳密に規定されていました。

例えば家の主が急に重病・危篤の状態におちいり、しかも後継ぎがいない場合、家名が断絶しないように急ぎ養子を迎える必要が生じます。こうした状況で迎える養子は「急養子」または「末期《まつご》養子」と呼ばれましたが、江戸時代初めの頃、幕府の法律では急養子を禁止していました。あわてて養子をとっても適切な選択・判断となるかわかりませんし、ましてや倒れた当主が今わの際に急いで指名した養子だと、大名としての資質を持つのか、家臣・領民が納得できる主君となるのかどうか、疑問の余地が多分に残ります。不適切な人物が大名となって権力を振りかざすと社会に乱れが生じかねず、最高統治機構である幕府としては避けたいところです。「養子をとるなら、入念な準備ができるように早めに行うべし」という幕府側の意図を伝えるべく、わざわざルールを設定したのでしょう。

とはいえ、まったく予想もしていなかった形で、当主が危篤に陥る可能性があるのも事実。そのような場合、急養子を一切認めないのは酷なことだともいえます。

そこで幕府は、三代将軍家光が亡くなった年である一六五一年（慶安四年）に、急養子の願い出を本人が五十歳までは認め、五十歳以上の者の願い出を許可しない新たな幕令を発出しました。その背景として「五十歳以上だと新たに子供ができる望みが薄いので、健全な間に相続人を選定しておくのが当然である。それを行わずに重病・瀕死に陥ってから養子を願い出るのは、不用意の暴露、上長の軽蔑に該当するので、配慮する必要はない。しかし五十歳に満たない者が養子を選定しないまま重病・瀕死に陥るのは、その責任を怠慢に帰することはできず、情状を酌量すべき」とする考えがあったと指摘されています[9]。

つまり当時の幕府には、五十歳以上で慌てて養子を迎えるのは怠慢、との認識があったわけです。ここからは「五十歳」という年齢を、若年層と高齢層を分ける一つの基準としている見方が読み取れます。

養子取りをめぐっては、幕府だけでなく各藩でも独自の法令を出していました。例えば仙台藩では、養子は四十歳～五十歳に取るべきものとし、金沢藩（加賀藩）、徳島藩、宇和島藩は五十歳以下では養子を取ることは許さないとの法令がありました。[10]金沢藩、徳島藩、宇和島藩の場合、五十歳以上の養子を認めない幕府の考え方とは異なり、五十歳以上になるともう子供ができないので、だからこそ養子を認めるという考え方を取っていたようです。見方は真逆ではあるものの、「五十歳」が一つのターニングポイントとして認識されていた点では共通しています。

また当時は養子制度の他に、「輿《こし》に乗っても良い年齢」の点でも高齢層と若年層の年齢が区別されていました。輿とは、二本の轅《ながえ》と呼ばれる棒の上に屋形（乗る所）を設置し、轅の前後の端を人が持って移動する乗り物です。一六一五年（慶長二十年・元和元年）の武家諸法度第十一条では「六十以上之人」が免許により輿に乗ることが認められていましたが、一六二九年（寛永六年）に法改正が行われ「五十以上之人」へと変更されており、この点から五十歳以上を高齢者として扱ったとする指摘があります。[11]さらに町人についても、一六八一年（延宝九年）の町触《まちぶれ》（町人向けの法令）では「五十以上之もの」には町年寄《まちどしより》（町役人のトップ）へ願い出て、駕籠《かご》（長い木の棒に人が乗るかごを吊るし、棒の前後を二人で持って運ぶ乗り物）に乗ることを許すとする規定があり、庶民の間でも、「五十歳」が若年世代と高齢世代を分ける一つの区切りであったとも考えられています[12]。

こうした養子や輿の慣行・制度状況を踏まえると、当時は五十歳頃が高齢者世代の境界と考える風潮があったと推測できそうです。江戸期は「平均寿命」でみると三十代ですが、先に見た通り幼児期の危機を乗り越えると五十歳、六十歳と生き長らえる可能性も高かったので、五十歳を高齢世代のスタートと見ることにそれほど違和感はないでしょう。

ただこれは現代の高齢者にもいえますが、老いを迎えたといっても仕事を引退するわけではなく、健康であれば六十代、七十代まで家業を勤め上げることもできたでしょう。「労働」の観点でみると、江戸時代の高齢者と関係するテーマとして「隠居慣行」があります。中世期にも武家等を中心に隠居するケースが見られ、例えば元亀・天正の戦国大名においても隠居して息子に家督を譲る行為が見られましたが、江戸期になると武家はもちろん庶民の間でも隠居慣行が広まっていきました。江戸期は五十歳頃が高齢者の境目と推測できますが、正式に「隠居」することにより、勤め・家業から解放されていたようです。次にこの隠居慣行について見ていきましょう。

生前相続としての隠居

隠居には家職と家産の生前譲渡[13]を伴います。譲渡する相手は状況にもよりますが、基本的には跡継ぎの子供であり、子への生前相続ともいい換えられるでしょう。「隠居」[14]という言葉が生前相続の意味を持つようになるのは、十五世紀頃からだといわれています。

ただ行為としての生前相続は律令時代から行われていて、平安時代・鎌倉時代においても「処分」などと称して、家長が生きているうちに、家職・家産を跡継ぎに譲っていたようです。当時、家職・財産を譲った家長は、世の雑事との関わりを絶つ遁世《とんせい》、あるいは出家《しゅっけ》して、俗世から離れた生活を送るのが一般的でした。しかし生前相続は譲渡行為ですから、そもそも跡継ぎに譲れるものを持っている必要があります。そのような事情もあって、古代・中世期は財産を多く持つ公家、武家・大名などが行うのが通例でした。

しかし江戸期になると、下級武士や庶民層においても安定的な家職あるいは家産が形成されるようになり、滞りなく生前相続を行う手段としての隠居慣行が普及していきました。

なお江戸期以降の隠居形態については、隠居者が新家長と同じ家に住み続ける「同居隠居」、隠居者が別棟に移り住む「別居隠居」、隠居者が新家長の兄弟、未婚の姉妹をすべて伴って別居する「隠居分家」、隠居者とその配偶者とが別々に住む（夫が長男、妻は分家した次男と住むなど）「分住隠居」などがあったと考えられています[15]。このうち別居隠居が最も一般的で、同居隠居も少なからずあったようです。

また地域によって隠居慣行の特徴は異なり、例えば畿内の農村では、江戸時代初期は隠居分家、中期以降は家内隠居（同居隠居）が主流となったといわれています。[16] では具体的に江戸期においてどのような隠居慣行があったのか、隠居を制度化していた武士と、慣習として比較的自由に行っていた庶民に分けて、順に見ていきましょう。

高齢でも働かされた武士

江戸期の武士は、仕える大名家に出仕し、役職などを得て従事するのが基本でしたが、ある程度高齢になると隠居・退職が制度上認められていました。先述の通り、当時は五十歳くらいで「若い世代と同じに扱えない」と見なされましたが、まだまだ働ける人は多かったと考えられます。そのため隠居として退職が認められる実際の年齢は、かなり高齢だったようです。

例えば江戸幕府が定める幕府法では、隠居を病気隠居と老衰隠居の二種類にわけ、老衰隠居は七十歳とされていました。[17] かなりの高齢設定であり、もちろん七十歳まで元気に働いて隠居したケースもあったでしょうが、当時の医療水準等を踏まえると、「動けなくなる日が来るまで（病気隠居まで）勤務」という性格も多分に持っていたとも推測できます。

ただ幕末の一八六一年（文久元年）に、将軍に謁見できる「御目見え以上《おめみえいじょう》」の武士である「布衣《ほい》」よりも高い身分の役人の場合、七十歳以下であっても老いにより立居等が不自由であれば、乍勤隠居《つとめながらいんきょ》（役職を持ったまま隠居）を認める制度改正が行われました。[18] その後すぐに、布衣以下でもＯＫとする改正も続けて行われ、隠居要件が緩和されています。もっとも数年後には明治維新が到来するので、隠居要件の緩和による恩恵を受けた人はそれほど多くなかったでしょう。

幕末の一時期を除いて、おおむね江戸期を通して幕府は七十歳を老衰隠居の年齢にしていたわけですが、こうした幕府の姿勢からは「老いたりといえども五十歳はまだまだ働ける。しかし七十歳になるとさすがにもうお勤めは無理だろう」という認識が読み取れるでしょう。当時の医療水準、栄養状況、寿命などを踏まえると、先の養子縁組や輿の事例においてシニア世代の境界を五十歳頃、つまり現代よりも早めに考えていたのはそれなりに納得できます。ところが幕府の認める老衰隠居年齢は七十歳であり、これは二〇二四年現在の労働基準法で定める「定年年齢・満六十五歳（七十歳は努力義務）」よりも高い年齢設定です。

この点を踏まえると、幕府は武士を高齢になるまでこき使ったような印象も受けますが、七十歳を過ぎているのに老衰隠居をせず、死の直前まで働き続けようとする武士も多かったようです。幕府の取り決めはあくまで「隠居を認める」内容なので、元気であれば八十歳、九十歳でも在職が可能でした。例えば幕臣の「堀直従《ほりなおより》」は九十四歳まで槍奉行などの職を勤め上げ、九十五歳になった一八三五年（天保六年）にようやく辞職しました。[19] 七十代、八十代まで働き続ける武士は多かったようで、幕府は高齢者の活用法（その知見、経験を活かす方法）を熟知しており、高齢者にも活躍できる場を与えていた、と捉えることもできそうです。

老衰隠居の取り決めは、各藩が定める藩法でも行われています。当時、藩法は基本的に幕府法に従属する関係でしたが、隠居年齢については独自に取り決める場合が多く見られました。例えば仙台藩とそこから分かれた宇和島藩では、老衰隠居の年齢要件は六十歳であり、仙台藩の支藩である片倉藩では幕府法と同じ七十歳としつつも、六十歳になれば名代《みょうだい》（代理人）に勤めを任せても良いとの取り決めがされていたといいます。[20] こうした幕府や藩が定めた老衰隠居年齢の傾向からは、「老いが原因で働けなくなる年齢」に対する当時の標準的な考え方を読み取れます。

幕府法の下では、七十歳まで働き抜いて隠居した場合は家督相続が許されて隠居料が支給され、別途褒美が与えられる場合もあったようです。[21] 隠居料は藩法による別途の規定もあり、宇和島藩では六十歳以上で隠居すると家禄全額の相続を保障し、かつ三十年以上勤務していれば隠居料を支給していました[22]。

また幕末期の加賀藩では「本高の知行六百石のうち隠居料が百石、養子に五百石」「本高の知行百二十国のうち、隠居料三十石、嫡子に九十石」「本高の知行三千四百石のうち、隠居料は五百石、跡継ぎのせがれに二千九百石（補佐役の「与力」向けの二百石含む）」「本高千石のうち、隠居料百石、嫡子に九百石」など、もともとの知行の一部を隠居料として認可していた記録も残っています[23]。

他にも藩によっては、所定の勤続年数をクリアしている下級層の武士に対して、老後に「扶持《ふち》（給与）」を与える形で所得保障を与える事例もあったようです。例えば鳥取藩では、勤続十年以上の下級武士が老衰もしくは病気により奉公ができなくなった場合、「支配」（知行・所領）は取り上げるものの「扶持」を与える決まりがありました[24]。当時の武士は、現代と同水準あるいはそれ以上といえるほど高齢まで働く傾向にありましたが、引退・隠居後の経済的な保障制度が整っていたケースも多かったようです。

庶民の隠居事情

制度により隠居が規定されていた武士とは異なり、非武士・庶民にそのような法制度はないので、地域や置かれている経済状況などによって変わってきます。

農村の場合、「隠居分家」「同居隠居」など地域・家によって違いはありますが、特に西日本を中心として隠居慣行が広く存在していました。[25]「隠居分家」では先述の通り、長男に家を譲ったあと、家長は次男以下の家族を引き連れて別居しなければなりません。この場合、跡を継いだ息子から援助を受けられたでしょうが、基本的には隠居後も次男以下の家族を食べさせていく必要があるため、働ける年齢での隠居も多かったようです。しかし「同居隠居」であれば、跡取り息子が同じ屋根の下で経済的援助を全面的に行うので、隠居後は働く必要がなくなります。そのため同居隠居の場合は、働けなくなる六十歳超の高齢になってからが普通だったと考えられています。[26]

一方、東北地方や北陸地方などの農村では、財産は「死譲り慣行」、つまり無隠居制が多かったといわれています。[27]無隠居制の場合、家長が高齢になって働けなくなると、跡取り息子が中心となって家業を切り盛りしますが、その場合でも高齢の家長は引き続き権力・財産権を保持し続けます。体を使った労働をしなくても、一家の中心としてあれこれ指図するわけです。そして家長が亡くなってから、跡取り息子に財産が相続されます。

以上は農村のケースですが、都市部の町人でも隠居慣行は広まっていました。当時の町人層において理想と考えられた生き方が、井原西鶴《いはらさいかく》の浮世草子（当時の風俗、人情に関する物語）である『世間胸算用』の「銀一匁《もんめ》の講中」という作品に記されています。この話の冒頭では、大坂の金貸し業を営む老人達が、後生安楽のお願いもせずに金儲けだけを楽しみとしていることへの批判が以下のように述べられています。

「世に金銀の余慶《よけい》あるほど、万《よろづ》に付けて目出たき事外になけれども、それは二十五の若盛りより油断なく、三十五の男盛りにかせぎ、五十の分別《ふんべつ》ざかりに家を納め、惣領《そうりやう》に万事をわたし、六十の前年《まへどし》より楽隠居して……」

（世の中で金銀があり余るほどめでたいことはほかにないのだが、それは二十五歳の若盛りより油断することなく、三十五の男盛りに稼ぎ出し、五十歳の分別盛りに家業の基礎を固め、総領に家督を譲って、六十歳の前に隠居した人について言えること……[28]）

ここでは、老後に金銀があり余るのはお目出たいことであり、それができるのは二十～三十代に懸命に働き、六十手前で隠居した人であるとされています。いわば、町人における望ましい人生の送り方の典型例として述べられていて、「六十の前年より楽隠居して……」との内容から、五十代後半頃の隠居が成功者の理想像だったと推測できます。

ただし庶民層、特に町人・商家においては、若いうちに家業を譲り、あとは悠々自適に過ごす「若隠居」も頻繁に行われ、四十代あるいはもっと若くして隠居するケースもあったようです[29]。若隠居する理由は人それぞれで、町人であれば若くして一儲けしたので早期リタイアする人、自分が老いる前に後継ぎが一人前になったので早々に隠居する人、あるいは後を継いだものの力量不足で、従業員（使用人）から隠居を迫られる例もあったようです。

井原西鶴のこれも代表的な浮世草子である『万の文反古《ふみほうぐ》』の巻一の二「栄花の引込み所」は、店の若旦那が遊郭やら歌舞伎やらで遊んでばかりの放蕩者なので、店の使用人九人が連名で「隠居をしてもらいたい」と若旦那の親類に直訴する話です[30]。これも当時の「あるある」話であったと考えられます。庶民層には武士階級のような法的な取り決めがなく、環境さえ整えば比較的自由に隠居が行われていたといえます。

早期リタイアを夢見た人々

隠居慣行が広く普及している地域・職業では、隠居により現役時代のようにあくせく働く生活から解放されるため、当時の人々の間には隠居して悠々自適に暮らす「楽隠居」を夢見る風潮もあったようです。

江戸期になると身分がある程度固定され、例えば商家に男子として生まれれば、物心がつく頃から家の手伝いをし、長男であれば親の後を継ぎ、その後は主として家業を続けます。こうした状況は武士や農民などでも同じで、基本的には生まれた土地・家業でずっと働き詰めの生活を送るわけです。これは当時の社会構造が求めることで、もしそこから逃れようとすると、親から勘当されたり、はぐれ人扱いされて所属していた社会に戻れなくなったりと、不利益が多く生じます。

一方で当時、社会が認める形で、そうした社会の要求から逃れる方法がありました。出家などの他に、一般人のとりやすい方法が、老いを理由とした引退、つまり隠居です。老衰により隠居して仕事をしなくなっても、若い世代のように「働きもしないで……」と世間から後ろ指は指されません。誰もが納得できる働かない理由になるわけです。そこから老いて隠居することに光明を見出す・積極的な評価を与える考え方が現れてきます。

そのような当時の高齢者観を、西鶴が物語形式で端的に記述して後世に残しています。先に「六十の前年より楽隠居して……」と述べている箇所を取り上げましたが、他にも望ましい生き方を述べている箇所があります。

井原西鶴『日本永代蔵』の第四巻にある「祈る印の神の折敷《おしき》」という物語は、どんなに働いても貧しいままの染物屋の夫婦が、本来なら富貴を授ける神仏を祀《まつ》って商売繁盛を祈るべきところ、あまりの貧しさから「分別を変えて」貧乏神を祀ったところ、貧乏神がたいそう喜んで儲けのヒントをくれた、という話です。染物屋の夫婦は、貧乏神の「柳は緑、花は紅」という言葉から紅染めの新たな工法を考えついて大儲けし、老後は楽しく暮らしました。この染物屋に対して西鶴は次のような思いを述べています。

「この人数多《あまた》の手代を置きて諸事さばかせ、その身は楽しみを極め、若い時の辛労を取りかへしぬ。これぞ人間の身のもちやうなり。たとへば万貫目持ちたればとて、老後までその身をつかひ、気をこらして世を渡る人、一生は夢の世とは知らず、何か益あらじ」

（この人は、大勢の手代〔使用人〕をおいて万事をさばかせ、自分は楽しみをほしいままにして、若い時の苦労を取り返した。これこそ本当の人間の生き方だ。たとえ万貫目もっていたとしても、老後までその身をつかい、心を労して世を渡る人は、一生は夢のようにはかないと悟らぬ人だから、いくら金をためても何の益もない(31)）

若い頃にした苦労は、年を重ねてから取り返してこそあるべき人間の生き方であり、万貫目（大金）を持って老後もずっと働き続けることは、人生を理解していない人だ、というわけです。ここから、若い頃は頑張って働くべきとする一方、老後は隠居してその苦労を取り戻す勢いで楽しんで生きるべき、とする価値観を見て取れるでしょう。ただし西鶴は、楽をするのはあくまで年老いた後であって、若い頃に頑張ることは重視しています。

努力して出世し、その上で年老いてから楽しむことこそが、望ましい生き方だというわけです。西鶴によると、理想の生き方とは以下のような人生だといいます。

「人は十三歳まではわきまへなく、それより二十四五までは親のさしづをうけ、その後は我と世をかせぎ、四十五までに一生の家をかため、遊楽する事に極まれり」

(人は十三歳までは、分別がない子供だからいいとして、それから二十四、五までは親の指図をうけ、その後は自分の力で稼ぎ、四十五までに一生困らぬだけの基礎をかためておいて、その後で遊び楽しむのが理想の生き方だ[32])

二十四、五歳までは親のいうことを聞いて働き、四十五歳までに財産を築いて、老後は遊び楽しんで生きるのが理想の人生、というわけです。西鶴には、四十五歳くらいまでが高齢世代の手前というイメージがあったのかもしれません。

江戸時代中期頃の風俗・人情を物語調で描き出す浮世草子としての性格を持つ西鶴の作品には、当時の多くの人が「本当にそうだなあ」と自然に思えるような考え方・価値観が登場していると考えられます。老いや老後に対する見方についても当時の大方の人が納得できる内容が書かれていると推測され、江戸期に広まっていた老後観・高齢者観を一定程度読み取れるでしょう。もっともこれはあくまで江戸期の考え方……といいたいところですが、「今は仕事一筋だけど、老いて引退後は趣味に打ち込んで悠々自適に暮らしたい」といった価値観は、現代でも共感できる人がかなり多そうです。

ただ西鶴のいうような「若い頃は勤勉に働き、老後に楽をすべき論」を成立させるには条件があります。それは養生して長生きすることです。早死にすると苦労だけを背負ってしまうので大損です。そのこともあって江戸期には、隠居後の老後生活に対する期待感が高まる一方、それを実現するための「長寿」への意識も高まりました。実際に当時、「長生きすべし」と論ずる書物も登場しています。

『養生訓《ようじょうくん》』『鶉衣《うずらごろも》』にみる老い

江戸期に長寿について論じた代表的な出版物の一つが、貝原益軒《かいばらえきけん》の『養生訓』です。貝原益軒は武士階級出身で、一六三〇年（寛永七年）に福岡藩士の五男として生まれました。ただ約五十二万石を有していた福岡藩（黒田家）において、父の知行は百五十石程度。しかも子だくさんで、家は貧しかったようです。六歳の頃から独学により読み書き・算数が出来たそうですが、あまりに賢すぎるので、父親は「こういう子は早死にする」と感じたといいます。父親は藩で祐筆（書記）の仕事をしていましたが、医学もかじっていて、益軒が子供の頃から医学書を読ませていたそうです。この影響もあってか後年、益軒は医学、本草学（薬学）にも関心を持つようになります。

青年期になると、家庭教師でもあった兄から四書（儒教の基本的な教科書で『論語』『大学』『中庸』『孟子《もうし》』）を学び、十八歳で城主黒田忠之の近習《きんじゅ》として仕えました。ところが忠之からは評価されず、約二年後に免職されて浪人になります。浪人時代に江戸や京都で本格的に儒学の勉強をはじめ、当時の有名学者と交流し、次第に世間で名を知られるほどの儒学者となっていきました。忠之の次代藩主・光之がその努力を知って帰参を認め、七年ぶりに藩士に復帰します。復帰後も学問を重ね、学者として多くの書籍を残しました。亡くなったのは一七一四年（正徳四年）だったので、八十四歳まで生きたことになり、養生論を自ら示した人といえるでしょう。(33) なお、「益軒」は七十九歳のときに付けた名前で、それまでは「損軒《そんけん》」と名乗っていました。八十歳手前にして、「損」から「益」に名を変えたわけです。

彼が『養生訓』を著述したのは八十三歳のときなので、当時の水準でこれだけ長生きしている人が養生について書いたのですから、その内容には少なからず説得力があります。彼は『養生訓』の「総論」で次のように述べています。

「豈楽《あにたのし》まざるべけんや。命みじかければ、天下四海の富を得ても益なし。財《たから》の山を前につんでも用なし。然れば、道にしたがひ身をたもちて、長命なるほど大なる福《さいわい》なし。……是万福の根本なり[34]」

（人生、楽しまないでいいことか。命が短くては全世界の富を得ても仕方がない。財産を山のように積んでも役に立たない。それだから道にしたがって、身体を大事にして長生きをするほど大なる幸福はない。……長生きは、すべての幸福の根本である[35]）

「短命なるは生《うま》れ付《つき》て短きにはあらず。十人に九人は皆みづからそこなへるなり。ここを以《もっ》（て）、人皆養生の術なくんばあるべからず[36]」

（短命なのは生まれつき短いのではない。十人のうち九人は、みな自分で損じているのである。それだから人みな養生の術がなくてはならぬ[37]）

「ここを以（て）養生の術を行なひ、いかにもして年をたもち、五十歳をこえ、成《なる》べきほどは弥《いよいよ》長生して、六十以上の寿域に登るべし[38]」

（養生の術を行なって、何とでもして年を保って五十歳をこえ、できればもっと長生きし、六十以上の寿の世界に入っていくことだ[39]）

「長寿宣言」ともいえる文面です。益軒はとにかく長生きが望ましく、「養生の術」を駆使し、意図的・積極的に長寿を目指すべきと主張しています。

では益軒はどのくらいの長生きを良しとしていたのでしょうか。

「上寿は百歳、中寿は八十、下寿は六十なり。六十以上は長生なり[40]」

(上寿というのは百歳、中寿というのは八十歳、下寿というのは六十歳である。六十以上は長生きである[41])

益軒は、六十歳以上は長生きと位置付けています。イメージとしては、五十代は老境ではあるものの長寿を祝うほどではなく、六十まで生きればおめでたいほどの長生き、としているわけです。

さらに益軒は六十歳を「下寿」とした上で、八十歳を「中寿」、百歳を「上寿」としています。先に見た通り、当時は死亡率の高い幼少期を乗り越えれば長生きできる可能性は広がりました。益軒は荒唐無稽なことをいっているわけではなく、努力して実現すべき現実的な目標として「中寿」「上寿」を述べているといえます。

また当時の老いへの価値観をうかがい知れる書物としては、益軒より七十年程遅れて生まれた横井也有《やゆう》の『鶉衣』も挙げられます。

横井也有は本名を横井孫右衛門時般《ときつら》といい、一七〇二年（元禄十五年）に尾張藩の重臣の家に長男として生まれました。十六歳で藩主の近習となり、その後二十六歳で家督を継ぎ、重臣としての役目を果たすようになります。若い頃から俳諧や書画など幅広く芸事をたしなみ、多趣味な人でもありました。やがて四十六歳のときに疝痛《せんつう》（腹部の痛み）の病が起こり、同年に隠居の申し出をしましたが却下。結局五十三歳まで働かされた後、ようやく隠居の許しを得ます。隠居後は名古屋・前津の地に草庵を構えました。亡くなったのは八十二歳なので、当時の水準から考えると、益軒と同じく大変な長寿です。

也有は若い頃から晩年に至るまで俳文を多く残していて、死後にそれがまとめられ『鶉衣』として刊行されました。也有の友達だった堀田六林《ほったろくりん》の撰出、当時の有名文人である大田南畝《おおたなんぽ》の編集によって刊行に至ります。(42)

この『鶉衣』の「嘆老辞《おいをなげくのじ》」という文章に、以下のような老いに関する考え方が述べられています。

「ねがはくは、人はよきほどのしまひあらばや。兼好《けんこう》がいひし四十たらずの物ずきは、なべてのうへには早過ぎたり。かの稀なりといひし七十まではいかゞあるべき」

（願わくは、人は良きところで人生を終えたいものだ。兼好がいった四十足らずで死ぬのが良いとする物好きは、一般人には早すぎる。かの杜甫が「人生七十古来稀なり」といった七十まではどうだろうか）(43)

「嘆老辞」は也有が隠居した年齢である五十三歳のときに書かれたものです。文中に登場する「兼好」とは、『徒然草《つれづれぐさ》』の著者でもある兼好法師です。「良きところで人生を終えたいものだ」と述べた上で、兼好がいっていた「四十たらず」では早すぎるとし、七十歳を祝う「古希《こき》」の語源になった杜甫の詩の一節を取り上げて、「七十」はどうかと思案しています。ここから、四十歳で亡くなるのは「物ずき」のような早死にであり、ここまで生きられれば良いのではと思われる年齢として七十歳を考えている彼の見方がわかります。

また「嘆老辞」の中で也有は、老いた後も若い人に交じっていると、耳が遠くなって話を聞き間違えてしまうなどして迷惑をかけてしまうと述べています。しかしだからといって、老いたと思い過ぎてしまうと心が楽しくならない、と葛藤の心境を吐露しています。

「老《おい》はわするべし、又老は忘るべからず。二つの境まことに得がたしや」

（老いは忘れるべきであり、また忘れるべきではない。二つの境は本当に得にくいのだ[44]）

老いに対する複雑な思いを述べていますが、実際のところ也有は、老いを忘れたままであるかのようにアクティブな老後を送っています。五十三歳で藩のお役目を退いた後、友人たちと幅広く交流し、悠々と芸事も楽しむなど、隠居生活を満喫。その交遊録や自由で風流な暮らしは『鶉衣』にも記されています。一応、隠居所での隠居生活ではあったのですが、「ひっそりと世を過ごす」といったことはなく、充実の日々を過ごしました。その生活を八十二歳まで延々と続けたわけですから、まさに楽隠居の成功例です。

以上、江戸期の高齢者観について見てきました。その特徴を端的にいえば、高齢期を「心身が衰え、死が近い苦しく悲しい時期」として捉えるのではなく、悠々自適な隠居暮らしに代表される「自分のやりたいことができる時期」として捉える見方が、身分を問わず持たれるようになっていたといえるでしょう。

ただし実際に安穏とした隠居生活を送れるのは、若い頃に財を成した人、あるいは先祖から受け継ぐ家業・財産があった人などで、貧しい境遇に置かれた人々は体が動けなくなるまで働く必要があり、楽隠居は難しかったとも考えられます。また地域・職によっては無隠居制がスタンダードとされ、高齢になっても働き続けた人も少なくないので、江戸期の隠居について考える際、その点を配慮する必要はあるでしょう。

それでも当時の武士や大都市圏の町人・商家、特定地域の農村等において隠居慣行が広く見られたことから、江戸期において、「仕事から引退した後の老年期」と呼ばれる現代人のようなライフステージが登場していたとはいえそうです。いい換えると「老年期をどう生きるか」という現代人も直面する人生課題への言及が、当時すでに行われていたともいえます。(45)

ここまで江戸時代の介護事情と高齢者観について見てきましたが、こうなると気になるのが「江戸期以前はどうだったの？」でしょう。そこで次章では、本章で明らかにした江戸期の高齢者観の特徴をより浮き彫りにするためにも、比較対象としての古代〜中世期の高齢者観についてご紹介しましょう。

江戸時代は時間的に現代と近いこともあって、現代人に通じる高齢者観、介護の姿も多く見られました。ところが現代から時間的に距離がある古代・中世期になると、多少様相が変わります。少しカオスな（？）話も登場するので衝撃を受けるかもしれません。

註

（1）高齢の人の呼び方として「高齢者」以外にも「お年寄り」「老人」「シルバー」「シニア世代」など多数の語があります。本書では高齢の人を指す言葉に厳密な規定は設けず、文脈に合わせて自由に言葉を使用しています。
（2）厚生労働省「高年齢者雇用安定法の改正～70歳までの就業機会確保～」https://www.mhlw.go.jp/stf/seisakunitsuite/bunya/koyou_roudou/koyou/koureisha/topics/tp120903-1_00001.html（二〇二三年一月三〇日最終確認）
（3）伊藤達也（一九九〇）「古代から現代そして将来の老人人口」利谷信義他編『シリーズ家族史5　老いの比較家族史』三省堂、一五～三四頁。
（4）鬼頭宏（二〇〇〇）『人口から読む日本の歴史』講談社学術文庫、一七四頁、一七七頁。
（5）同右、一八〇頁。
（6）同右、一八一頁。
（7）小椋喜一郎（二〇〇〇）「日本近世における「老い」の諸相」歴史科学協議会編『歴史評論』608号、校倉書房、一八～一九頁。
（8）同右、一七～一八頁。
（9）中田薫（一九七〇）「徳川時代の養子法」『法制史論集　第一巻』岩波書店、四二五～四二六頁。
（10）大竹秀男（一九九〇）「江戸時代の老人観と老後問題―老人扶養の問題を主として―」利谷信義他編『シリーズ家族史5　老いの比較家族史』三省堂、一八一～一八二頁。

(11) 同右、一八〇～一八一頁。
(12) 同右、一八一頁。
(13) 太田素子（一九九二）「老年期の誕生―19世紀前期農村の『楽隠居』を手がかりに―」中村桂子他『叢書〈産む・育てる・教える―匿名の教育史〉3 老いと〈生い〉――隔離と再生』藤原書店、一五四頁。
(14) 竹田旦（一九六四）『民俗慣行としての隠居の研究』未來社、一二一～一二三頁。
(15) 同右。
(16) 大竹（一九九〇）、一九〇頁。
(17) 中田薫（一九七〇）「隠居論第二版を讀みて」『法制史論集　第一巻』岩波書店、一五五～一五六頁。
(18) 同右、一五二～一五四頁。大竹（一九九〇）、一八四頁。
(19) 柳谷（二〇一一）、三三一～三三三頁。
(20) 大竹（一九九〇）、一八四頁。
(21) 同右、一八九頁。
(22) 同右。
(23) 金沢市立玉川図書館近世史料館編（二〇二一）『金沢市図書館叢書（一三）　御用方手留一』金沢市立玉川図書館近世史料館、一三一頁、一七一～一七二頁。
(24) 小椋（二〇〇〇）、二四頁。

(25) 大竹(一九九〇)、一九〇頁。
(26) 同右。
(27) 同右、一九二頁。
(28) 神保五彌校注・訳(一九八九)『完訳 日本の古典 第五十三巻 万の文反古 世間胸算用』小学館、二〇九頁、三一九頁。
(29) 中田薫(一九八四)『徳川時代の文学に見えたる私法』岩波文庫、二一八頁。
(30) 神保(一九八九)、二〇～二四頁、一二八～一三〇頁。
(31) 谷脇理史校注・訳(一九八三)『完訳 日本の古典 第五十二巻 日本永代蔵』小学館、一〇二頁、二二六頁。
(32) 同右、一〇三頁、二二七頁。
(33) 松田(一九八三)、一〇～一九頁。
(34) 貝原、石川(一九六一)、二五頁。中略は筆者による。
(35) 松田(一九八三)、三三一頁。中略は筆者による。
(36) 貝原、石川(一九六一)、三二頁。
(37) 松田(一九八三)、三三七頁。
(38) 貝原、石川(一九六一)、三二頁。
(39) 松田(一九八三)、三三八頁。
(40) 貝原、石川(一九六一)、三一頁。

(41) 松田(一九八三)、三三七頁。
(42) 横井也有著、堀切実校注(二〇一一)『鶉衣 下』岩波書店、三九一～三九四頁。
(43) 同右、二三五頁。訳は筆者による。
(44) 同右、二三四頁。訳は筆者による。
(45) 太田(一九九二)、一六五頁。

第三章

江戸時代以前の「老い」

——古代〜中世期の高齢者観——

古代〜中世期では何歳から高齢者?

日本史を大きく分類すると、近世にあたる「江戸期」の前は、古代〜中世期になります。期間としては七〜十六世紀であり、本来は一緒にできないほど長い期間です。ただ江戸期に比べて史料が少ないこともあり、本書ではまとめて同じ章にて扱います。

古代〜中世初期の高齢者の年齢・区分を考える場合、初期史料として挙げられるのが、律令制度上の年齢区分です。

律令制度は七世紀の終わりごろに、唐の仕組みを取り入れる形で導入が進められ、十世紀頃まで続いたといわれています。律は刑法、令は行政法など刑法以外の法律を指し、本格的な法典として知られるのが七〇一年（大宝元年）に施行された「大宝律令」です。

大宝律令は律が六巻、令が十一巻から構成されていましたが、文言に不備があるとして修正が行われ、七一八年（養老二年）には律十巻、令十巻に改めてまとめられました。しかし修正の先導役だった藤原不比等《ふじわらのふひと》が七二〇年（養老四年）に急逝したこともあり、修正済みの律令はすぐに施行されませんでした。その後、七五七年（天平宝字元年）になって藤原仲麻呂《なかまろ》が施行を決め、改めて「養老律令」として制度化されています[1]。

この養老律令自体は一部しか現存しておらず、各種文献の引用内容や注釈書などを参考にして現在も復元作業が進められているようです。ただ令については公的な注釈書の

「令義解(りょうのぎげ)」や私的な注釈書の集成である「令集解(りょうのしゅうげ)」、さらに各種文献に引用されている内容などを参考にして、ほぼ再構成されています。

この養老律令の「令」の第二巻八編には四十五条から構成される「戸令(こりょう)」があり、その中の「三歳以下条」において年齢区分が定められているのでご紹介しましょう。

「凡男女三歳以下為黄。十六以下為少。廿以下為中。其男廿一為丁。六十一為老。六十六為耆。無夫者。為寡妻妾」

（男女について、三歳以下を「黄《おう》」とする。四歳から十六歳以下は「小」とする。十七歳から二十歳は「中」とする。男性で二十一歳以上であれば「丁《てい》」とする。六十一歳から六十五歳は「老」とする。六十六歳以上は「耆《き》」とする。夫がいない女性は「寡妻妾」とする）(2)(3)。

こうした年齢区分は、当時の税制度である租庸調《そようちょう》の負担割合を決めるために定められました。租はお米、庸は労役または布、調は布または地方の特産物を税として納付させる制度のことです。当時の税制では二十一歳〜六十歳までは「正丁」、「老」である六十一歳〜六十五歳は「次丁」に位置付けられ、次丁が納めるべき調と庸は正丁の半分とされました。六十一歳以上は「老」の名の通り年老いているとみなされ、国からの負担が軽くなっていたわけです。より高齢である六十六歳以上の「耆」については、十六歳以下の「小」と同じく課役の対象から外されていました。(4)

養老令の年齢区分は中国の唐における律令制度の影響を強く受けており、(5)実際のところ中国の制度をまるまる移入した側面が強いです。中国の律令の内容がそのまま日本社会の実態に即しているとはいえない面もありますが、少なくとも当時の日本の律令制度上では、六十代を「老」として二十代〜五十代ほどには働けない世代とみなし、六十代後半以降を「耆」、すなわち課役対象外とすべき高齢者としていました。当時の税制上では、現代の感覚にも近い高齢者区分があったわけです。

ここで「古代〜平安初期の頃に、六十歳まで生きられたのか？」との疑問も湧きますが、この点は江戸時代の高齢者区分について考えたことを応用できそうです。

前章で触れた通り、人口学のモデルでは紀元前の段階からおおむね二〜五％の高齢者がいたと推測でき、感染症などによる死亡率の高い乳幼児期・子供時代を乗り越えれば、ある程度の長命を望めたとも考えられます。もちろん時代を経るにつれ、米など食料の生産量が上がって栄養面が改善し、衣食住の質が徐々に向上するので、江戸期から昔に遡るほど短命に終わる人が増えていくとは思われます。

それでも高齢世代まで生き抜いた人はゼロとまではいいきれず、律令制度において「六十一歳から六十五歳は「老」とする」とわざわざ規定しているので、実際には一定数いたはずです。

ただしこれはあくまで律令制度上、すなわち各年代からどれだけ税を徴収するかを定めるための区分であり、「どのくらいの年齢まで働けるか」が想定された内容といえます。つまり六十一歳まで生きられればそれまでの半分だけ納めればいい＝半分だけ働けばいい、六十五歳を超えれば税は納めなくていい＝もう働かなくていい、といった規定です。

一方で当時、社会通念として持たれていた「老い」の認識は、もう少し早かったようです。例えば最古の医学書として中世初期の医師にも読まれていた『黄帝内経霊枢《こうていだいけいれいすう》』や『黄《こう》帝内経素問《ていだいけいそもん》』（これらの原著は紀元前の中国で編纂）、さらに少し時代が下った曲直瀬《まなせ》道三《どうさん》が一五七四年（天正二年）に著した『啓迪集《けいてきしゅう》』などにおいては、おおむね五十代を老人の開始時期とし、六十代以降を完全な老年期としています(6)。律令制度よりも老人として扱う時期がやや早めであったといえます。

また平安時代には中国から儀礼・儀式も移入され、「参賀」などの敬老の祝いもその中に含まれていました(7)。参賀とは、四十歳から十年ごとに長寿を祝う儀式のことです。貴族階級の間では奈良時代からこのような長寿を祝う会が行われ、特に「よそぢの賀」として四十歳の賀が最も広く行われていたといいます(8)。つまり貴族たちの間では「四十歳」が老いの境界として認識されていたわけです。江戸時代の貝原益軒《かいばらえきけん》は六十歳まで生きれば「寿」であるとしていましたが、それに比べると、四十歳から祝うのはかなり早めです。

中世の後半期になると、農村では寄り合いや一揆《いっき》や逃散《ちょうさん》（農民の領主への反抗形態の一つで、課税対象の田畑を捨てて逃げること）などに加わるのはおおむね十五～六十歳であるとの調査研究結果があり、[9]一般庶民の間で、六十歳以上はもはや十分に働けない年代という認識があったとも考えられます。

こうしてみると江戸期以前の社会における一般的な感覚として、四十～五十代になると老いが始まるとされ、六十代からは若い世代のように動けない・働けない年代、と捉えられていたともいえそうです。

江戸幕府が武士の老衰隠居年齢を七十歳としていたのに比べると若めですが、当時の医療水準や寿命を踏まえると、六十歳でも高めの設定とも感じられます。

高齢世代まで生きられた人はどのくらいいた？

老いの区分が江戸時代よりもやや若めだったともいえる古代～中世期ですが、実際どのくらいの人が「高齢世代」まで生きたのでしょうか。

江戸期と同様、古代～中世の頃も全国規模の信頼性の高い調査は行われていないので、正確には分かりません。

六七〇年（天智天皇九年）頃に庚午年籍《こうごねんじゃく》と呼ばれる全国規模の戸籍が初めて作られ、六九〇年（持統天皇四年）からは六年に一度の割合で帳簿が作成されていたとの記録がありますが、やがて作成されなくなりました。(10)作られなくなった理由は中央政府の財力・政治力の低下が大きいですが、そもそも作成されていたときも、賦課を逃れるために不正な記載が横行していたようで、信頼できないデータだったようです。

ただ特定の地域、社会階級などに限ればいくつか記録があります。例えば朝廷の高官職員録である『公卿補任《くぎょうぶにん》』をもとに、死亡年齢が明らかである平安期の公卿二百七十名について、死亡時の年齢を調査した研究があり、結果は以下の通りです。

二十～二十九歳……五名
三十～三十九歳……十三名
四十～四十九歳……二十五名
五十～五十九歳……八十六名
六十～六十九歳……七十一名
七十～七十九歳……五十七名

八十〜九十歳……十三名(11)

公卿という特定の社会的地位に限った調査ではありますが、二十代・三十代で亡くなった人がいる一方、六十歳以上で死亡した人が全体の約五割に及び、中には八十代まで生きているケースもあります。例を挙げると、八九〇年（寛平二年）に死亡した前大納言・藤原冬緒《ふゆお》は八十三歳、九六八年（康保五年・安和元年）に死亡した前参議・小野好古《おののよしふる》は八十五歳、一〇四六年（寛徳三年・永承元年）に亡くなった右大臣・藤原実資《さねすけ》は九十歳まで生きたようです。平均死亡年齢は六十・〇四歳であり、それなりに高齢まで生きた人が多かったといえるでしょう。

ただし、これらのデータは死亡年齢の史料・記録がある貴族に関する内容であり、そうした上流階級の人々は一般庶民よりも栄養価の高い食事をとり、生活環境も安定していたでしょう。そう考えるとより長生きしやすい境遇にあったといえます。

もう少し時代が下った鎌倉時代を対象としたデータもあり、中でも鎌倉市にある由比ヶ《ゆいが》浜《はま》南遺跡の発掘調査結果が参考になります。(12)この遺跡で一九九五年（平成七年）〜一九九七年（平成九年）にかけて行われた調査では、十四世紀後半頃までに埋められた三千八百六十一体の遺骨が発見され、そのうち二百六十体については歯や骨の状態から死亡時の年齢が推定されました。分析結果によると、二百六十体のうち九十八体が二十歳未満で死亡していて、二十〜二十四歳で三十八体、二十五〜三十四歳で六十五体、三十五〜四十四歳で三十六体、四十五〜五十四歳で十八体、五十五〜六十四歳で五体でした。[13] 二百六十体のゼロ歳児平均余命（平均寿命）は二十四歳、十五歳時点の平均余命は男性が十五・六歳、女性は十八歳と算出されています。[14]

二十歳以下で死亡している人が四割近くもおり、全体としての平均寿命を下げています。先述の平安貴族たちの死亡年齢データと比べると、生活環境の影響もあってか、こちらは短命の人がはるかに多いです。また単純な比較はできないものの、九十代まで生きた人などども記録されている江戸期の人口データと比べると、長命だった人はかなり少なめです。

それでも老いの世代まで生き抜いた人はゼロではなく、二百六十人中で四十五〜五十四歳まで生きた人が十八人、五十五〜六十四歳まで生きた人が五人いました。六十五歳以上まで生きた人は発見されなかったようですが、先に紹介した「四十〜五十代を老いの入り口と見なし、六十代からは就労も難しい高齢世代」とする当時の社会通念的な区分けでみれば、老いを迎えた人、高齢世代まで生きた人は少数ながらもいたわけです。

尊敬の対象・強者としての高齢者

江戸期に比べると少ないものの、これまでの内容を踏まえると、古代～中世の時期にも一定数の高齢世代の人がいたことは無理なく推測できるでしょう。では当時、高齢者は社会・家族の中でどのような位置づけだったのでしょうか。

古代～中世期の日本は基本的に農業社会であり、生産性を高めるために、より多くの労働力が求められていました。十四世紀初頭に作成が始まった『春日権現記絵』、あるいは中世期の人々の様子を記している『石山寺縁起』などの絵巻物には、高齢者が農作業や家事に取り組んでいる様子が多数描かれています。[15] 当然ながら当時はトラクターのような農業機械がないため、力仕事が要求される場合、高齢者の貢献度は今よりも限られていたでしょう。先に見た通り、律令制度では六十一歳以上の「老」に該当する人は若い世代ほど労働力がないと見なされていました。

しかし当時の社会では、労働力と見なせないからといって、まったく頼りにされなかったわけでもないようです。高齢者には「老いの知恵」が期待されたからです。当時の農村では稲作の仕方や気象変化への対応はすべて経験・口伝に基づいて行われました。若い世代では経験が不十分で対応できない状況でも、経験豊富な高齢者であれば的確なアドバイスを行えます。つまり高齢者は自分が持つ知の有用性によって指導的立場に立てたのです。[16]

また古代~中世期の農業における高齢者の役割として、家族や共同体の紐帯《ちゅうたい》になる点も挙げられます。八世紀頃から当時の集落共同体では、豊作祈願の田祭《たまつり》のような農耕のお祭りが集落の中で広く行われていました。こうした祭礼の場では高齢者が核となります。当時から先祖祭祀の儀式も実施されていましたが、こちらも家族や親族が集まる上で、高齢世代が象徴的存在として重視されました[17]。

高齢者は、祭式において重要な役割を担う一方で、崇められるべき神に近い存在とみなされる一面もありました。例えば『石山寺縁起』の第一巻に登場する比良明神《ひらみょうじん》という神様は髭の長い老人です。西洋の神話のように若くて筋骨隆々に描いても良いところですが、やせ細ったお年寄りの姿をした神様として登場しているのです。

神の化身が高齢者になる理由の一つとして、当時の日本で高齢者は子供などと同じく「非生=無=死」に近く、他界に近い存在として捉えられていたとの見方があります[18]。子供は生まれてから年月がそれほど経過していないため非生=無に近く、高齢者は生から死に向かうため非生=死に近いので、神仏の世界に近い神秘性を持つ存在と見なされたわけです。

ここまでは主に農村・庶民層における高齢者の位置づけを見てきましたが、貴族・武家においては、権力を持つ強者としても認識されていました。

例えば、平安時代の貴族が朝廷の役職に就いていた場合、高齢を理由とした引退は求められず、能力さえ維持できれば体力が続く限りその職に留まることができました(19)。年老いてもなお、位階に応じた権力・政治力を行使できたわけです。

こうした傾向は武家において特に強く、鎌倉時代に領地など財産・所職を所有する身分の者は、家長権と財産処分権を死の直前まで持ち続けました。しかも親が子のいずれかへの遺産相続を記した「譲り状」を作成した後であっても、「やっぱり別の子に譲る」と思い直せば、いつでも前言撤回が可能とされました。こうした相続先の変更は「悔い返し」とも呼ばれ、鎌倉幕府の法律である「御成敗式目《ごせいばいしきもく》」でも認められており、老親が子に対して持つ権力の源泉ともなっていました。子供としては、望む形での相続を受けられるように、親が死ぬまで尊敬の態度と孝養の姿勢を崩せなかったわけです。親の自由な譲り状の発行を当然とする価値観が根強くあり、幕府であってもその権利をおいそれとは侵害できなかったようです(20)。

高齢者は神に近い存在

古代〜中世期の絵巻物には高齢者と幼子が一緒に描かれている絵が多くあり、ここから、社会活動の周縁に置かれている高齢者と幼子が、生活の中で深い関わりを持っていたことが読み取れるとの指摘があります。[21] 当時の絵巻物では、幼い子供が高齢者の手を引く様子が描かれていることも多いですが、これは高齢者が幼子のお守り・見守り・教育をしていると同時に、高齢者が幼子によるサポート・介助を受けながら生活している当時の様子を表しているとも見て取れます。[22] つまり周縁部に置かれたもの同士が、支え合いながら生活していたと解釈できるわけです。

例えば、農村のような肉体労働が求められる社会では、高齢者が集落において教育者的・紐帯的な役割を果たす一方、身体を使う田植えや稲刈りの場面では、現役の壮年世代が中心的な役割を果たしたのでしょう。その際、老いた高齢者は活動の周縁部に位置づけられ、同じく周縁部にいる子供たちと一緒に、無害で当たり障りのない時間を過ごす存在としてみなされる側面があったと考えられます。

また先ほど高齢者が神の化身として扱われやすい点に触れましたが、高齢者以外にも神々が童や女性の姿で表現される例も少なくないことから（例えば王子信仰や姫神信仰など）、高齢者、童、女性の三者は「一人前」とみなされていなかったとの指摘もあります。[23] 当時、社会を現実の場でけん引するのは老齢期前の男性であり、高齢者、子供、女性は社会活動外に置かれていることも多く、その周縁性ゆえに「社会の中心的担い手ではない存在→人間社会とは距離を置いた神仏に近い存在」としてイメージしやすかったというわけです。

さらに古代～中世期に作られた説話の老女が鬼に変化する物語の多さから、「女性の老い」を邪悪なものとみなす価値観があったとの指摘もあります[24]。例えば福島県二本松市に伝わる「安達ケ原の鬼婆」のように、「鬼婆」は伝承・伝説などでよく登場しますが、「鬼爺」はほぼ登場しません。ことさらに老女を「鬼＝悪」として扱おうとする背景には、老女が生殖力を失い、性的な関係を持つ可能性を失っていることから、その意味での非社会性ゆえに周縁的であり、邪悪であるとのイメージが与えられていた、との指摘です[25]。当時はジェンダーに対する意識・価値観が醸成されておらず、現代の感覚からすると女性の捉え方は非常に差別的で偏見がありました。前節で触れた集落の精神的紐帯となる役割を果たすのは、多くが男性の老人です。先ほど、古代～中世社会において高齢者が社会の周縁に位置していたとの見方を紹介しましたが、性別で見ると、特に女性高齢者に対してその傾向が強く生じていたともいえるでしょう。

『万葉集《まんようしゅう》』における老いの見方

幅広い高齢者像が持たれていた古代～中世期ですが、当時の人々が「老い」に対して具体的にどのような考え方・価値観を持っていたかを知る手がかりとなるのがその頃に書かれた著作物です。「老い」をどのように受け止めたのか、当時の書物から考えていきたいと思います。

ただ古代〜中世期の書物すべてを網羅するのはさすがに無理がありますので、この頃の著作物として有名な『万葉集』『枕草子《まくらのそうし》』『方丈記《ほうじようき》』『徒然草《つれづれぐさ》』を順番に取り上げ、そこで扱われている「老い」について注目してみます。

『万葉集』は奈良時代末期、七世紀の前半から八世紀の後半にかけて詠まれた和歌が編纂されている現存最古の歌集です。掲載されている和歌の作者は貴族から庶民まで幅広く、雑歌や恋歌、死者を悼む歌などが当時の感覚で個性的に詠まれています。この中から「老い」を扱った歌をピックアップしてみましょう(26)。まずは大友家持《おおとものやかもち》の歌です。


「百歳《ももとせ》に　老舌出でて　よよむとも　我《あ》れはいとはじ　恋ひは増すとも（第四巻七六四〔七六七〕）」

（あなたが百歳になって老舌をのぞかせてよぼよぼになっても、私はけっしていやがったり致しません。恋しさはますます募ることはあっても(27)）


とても情熱的な愛の歌です。ただこの歌における老いとは、「老舌出でてよよむ（老舌をのぞかせてよぼよぼになる）」を意味しています。老いを醜いもの＝男女の恋に立ちはだかるものとして位置づけ、そうなってもなお恋しさを募らせるという形で、自分の恋しさの強さを歌っているわけです。こうした老いによる姿や形の変化に触れた歌(28)、さらに変化への悔しい思いを扱った歌(29)が万葉集にはいくつか見られます。

続けて、山上憶良《やまのうえのおくら》の長歌の一部をご紹介しましょう。

「ますらをの……遊び歩きし　世の中や　常にありける……手束杖《たつか》　腰にたがねて　か行けば　人に厭《いと》はえ　かく行けば　人に憎まえ　老よし男《を》はかくのみならし　たまきはる命惜しけど　為《せ》むすべもなし（第五巻八〇四〔八〇八〕）」

（勇ましい若者たちが……その楽しい人生がいつまで続いたであろうか。……いつの間にやら握り杖を腰にあてがい、よぼよぼとあっちへ行けば人にいやがられ、こっちへ行けば人に嫌われて、ほんにまったく老人とはこんなものであるらしい。むろん、命は惜しく常住不変を願いはするものの、施すすべもない(30)）

勇ましい若者もいつの間にか老いてしまい、どこに行っても人に嫌がられるようになることを嘆き、老人とはこのようなものらしいとの思いを述べています。その上で憶良は、次のような歌（反歌）を記しています。

「常盤《ときは》なす　かくしもがもと　思へども　世の事理《こと》なれば　留みかねつも（第五巻八〇五〔八〇九〕）」

（常盤《ときわ》のように不変でありたいと思うけれども、老や死は人の世の定めであるから、留めようにも留められはしない(31)）

常盤とは永遠に変化のない岩のことです。永久不変でありたいと思っても、老いや死はどうしようもないと歌っています。老いると人から嫌がられるなど良いことがないので、なんとかずっと変わらずにいたいと願うものの、それが叶わないのが世の定めなのだ、という諦めの心情をここから読み取れるでしょう。

『枕草子』『方丈記』『徒然草』における高齢者観

中世期に入ると現存する歌集や随筆集、あるいは日記などが多くなりますが、ここでは三大随筆として有名な『枕草子』『方丈記』『徒然草』を対象に、「老い」について触れられている箇所をいくつか取り上げましょう。

まずは『枕草子』ですが、作者の清少納言《せいしょうなごん》は、平安期に関白職に就いていた藤原道隆《みちたか》の娘で、一条天皇の中宮《ちゅうぐう》（妻）であった定子《ていし》に仕えていた女房（女性の使用人）です。貴族という庶民とはかけ離れた社会ではありますが、日々の暮らしの中で感じたことを、『枕草子』の中で率直に記しています。

老いに関して述べている箇所として第二十六段に「にくきもの」という話があります。

「にくきもの……火桶の火、炭櫃《すびつ》などに手のうらうち返しうち返し、押しのべなどして、あぶりをる者。いつか若やかなる人など、さはしたりし。老いばみたる者こそ、火桶のはたに足をさへもたげて、物言ふままに押しすりなどはすらめ」

（にくらしいもの……火鉢の火やいろりなどに、手のひらを裏返し裏返しし、押し伸ばしなどしてあぶって座っている者。いったいいつ若々しい人などが、そんな見苦しいことをしていたか。年寄りめいている人こそ、きまって火鉢のふちに足をまでも持ち上げて、物を言いながら足をこすったりなどはするようだ(32)）

火鉢やいろりに手や足をあててこする行為が、清少納言にはひどく見苦しく映ったようです。ここで注目すべきは「若やかなる人」と「老いばみたる者」の対比です。火鉢やいろりの周りで無作法をするのは、若々しい人ではなくもっぱら年寄りめいた人だと強調しています。こうした「老いばみたる者」の行為を、清少納言は「にくきもの」に類する存在としているわけです。「年長者だから大目に見てあげよう」とか「お年寄りだから仕方がない」といった気遣いなどなく、率直に不快なものとして取り上げています。

また第三段「正月一日は」の後半部分にも、同様の対比が見られます。

「除目《ぢもく》のころなど内わたりいとをかし。雪降りいみじう氷りたるに、申文《まうしぶみ》持てありく四位五位、わかやかに、心地よげなるは、いとたのもしげなり。老いて頭《かしら》白きなどが、人に案内言ひ、女房の局《つぼね》などに寄りて、おのが身のかしこきよしなど、心一つをやりて説《と》き聞かするを、若き人々はまねをし笑へど、いかでか知らむ」

（除目のころなど宮中のあたりはとてもおもしろい。雪が降りひどく凍っている時に、上申《じょうしん》の手紙などを持ってあちこちしている四位や五位の人の、若々しく、気持ちもさわやかで元気のよさそうなのは、とても頼もしい様子に見える。だが年とって頭の白い人などが、人に自分の内情を話して頼み、女房の局などに寄って、自分の身の立派である由来などを、いい気になって説明して聞かせるのを、若い女房たちはまねをし笑うのだけれど、本人はどうして知ろうか）(33)

「除目」とは官吏の異動を指し、「四位五位」とは朝廷での位階のことです。清少納言は、四位五位のまだ若い貴族は「心地よげ」で「たのもしげ」であるのに、白髪の老人は、異動を人に頼み、身分を自慢し、若い女官がそれを真似して笑っていると述べています。ここでも若者は魅力的で、高齢の人は魅力的ではないという対比があります。若さ＝プラスのイメージ、老い＝マイナスイメージで捉えている心情が読み取れるでしょう。

変化する理想の老後

続いて取り上げる『徒然草』は、十四世紀に兼好《けんこう》法師によって書かれた随筆集です。兼好は三十歳頃に出家《しゆつけ》して世捨て人となり、徒然草を執筆したのは仏道修行に励んだ後なので、その影響を少なからず受けているといわれています。第七段に老いに関する言及が見られるのでご紹介しましょう。

「命あるものを見るに、人ばかり久しきはなし。……住み果てぬ世に、みにくき姿を待ちえて何かはせん。命長ければ辱《はぢ》多し。長くとも四十《よそぢ》に足らぬほどにて死なんこそ、めやすかるべけれ。……ひたすら世をむさぼる心のみ深く、もののあはれも知らずなりゆくなん、あさましき」

（命のあるものを見ると、人間ほど長生きするものはない。……永久に住みおおせることのできぬこの世に、生きながらえて、みにくい自分の姿を迎えとって、何のかいがあろうか。命が長ければ、それだけ恥をかくことが多い。長くても四十に足らぬくらいで死んでゆくのこそ、見苦しくない生き方であろう。……ただやたらに俗世間のあれこれをむさぼる心ばかりが深くなって、この世の情趣もわからなくなってゆくのは、まったくあさましいことである(34)

兼好によると、老いは「みにくき姿」になることで、そうなってまでこの世に生きていてなんの甲斐があるのか、とかなり否定的です。それゆえに四十歳未満で死ぬのがちょうど良い、とまで述べています。

この箇所は、第二章でご紹介した横井也有《やゆう》の『鶉衣《うずらごろも》』の中でも取り上げられていました。『鶉衣』の中で也有は、四十歳で世を去るなんて考えは「物ずき」の発想だとして歯《し》牙《が》にもかけない姿勢を見せています。

この点、中世期に生きた兼好法師と江戸期に生きた横井也有における、大きな価値観の相違が見て取れます。也有も、老いれば耳が遠くなって聞き間違いが増えると述べているので、「みにくき姿」になると認識している点では同じです。しかし先に見た通り也有の場合、それでもなお「老いを忘れて楽しく生きるべきか、それとも耳が遠くなって周りの人に迷惑もかけるので控えるべきなのか」について葛藤の気持ちを抱いていました（結局のところ、彼は趣味三昧の楽しい老後を送ったようですが)。一方、兼好は老いる前に世を去るのが良いと迷いなく述べています。老いを真っ向から否定しているわけです。

さらに文中で兼好は、老いた後も俗世のあれこれに執着することは「もののあはれ」を知らないあさましい人と批判してもいます。四十歳手前の見苦しく老いる前に死ぬのが望ましいものの、老いを迎えた場合は、俗事から離れて静かに暮らすべし、というわけです。

この点、第二章で登場した井原西鶴《いはらさいかく》の「若いときに苦労して、老後に楽しむべき」論からすると、「若い頃の苦労を取り戻すためにも、老後こそ楽しく暮らすべきなのに、静かにひっそり暮らすなんてもったいない」となるでしょう。兼好の老いの見方は、江戸期を生きた西鶴の見方とも大きく異なります。

また第百七十二段では高齢者の特徴についても触れています。

「老いぬる人は、精神おとろへ、淡《あは》く疎かにして、感じ動く所なし。心おのづから静かなれば、無益《むやく》のわざをなさず、身を助けて愁《うれへ》なく、人の煩《わづら》ひなからん事を思ふ」

(年とった人は、気力が衰え、心が淡白で大まかであり、感情的に動くことがない。心がしぜん静かであるから、むだなことをしないで、わが身をかばって心配事がなく、他人の迷惑がないようにと考える)(35)

この前で血気盛んな若者は我が身をあやまることが多いと述べた上で、高齢者は対比的に気力が衰える、などと述べています。これらの特徴から「老いぬる人」は気力が衰えて非活動的・保守的で、ものごとに心を動かされない存在である、という兼好なりの高齢者像が読み取れるでしょう。

兼好は出家していたので、仏教の影響を多分に受けていたとも考えられます。当時、兼好のように出家して仏門に入り、その後に執筆活動をした人物として鴨長明《かものちょうめい》がいます。長明が書いた『方丈記』でも、兼好と類似した高齢者観が読み取れるのでご紹介しましょう。方丈記が書かれたのは十三世紀初めで、徒然草よりも数十〜百年近く前のことです。「行く川の流れは絶えずして……」の冒頭文が有名ですが、この書の最後に、老いについて言及している箇所があります。

「そもそも一期《いちご》の月影かたぶきて、余算の山の端《は》に近し。たちまちに三途《さんず》の闇に向はんとす。何のわざをかかこたむとする。仏の教え給ふおもむきは、事にふれて執心なかれとなり。……みづから心に問ひていはく、……しかるを汝《なんぢ》、すがたは聖人にて、心は濁りに染《し》めり、……もしこれ貧賤の報《むくい》のみづから悩ますか、はたまた妄心のいたりて狂《きょう》せるか。そのとき心さらに答ふる事なし」

（思えば私の一生も、月が山の端に入ろうとしているようなもので、もう余命いくばくもない。まもなく三途の闇に向かおうとしている。この期に及んで、ああでもない、こうでもないと、今さら愚痴を言ってみたとて何になろう。仏の教えに従えば、何につけても執着は禁物なのである。……自分で自分の心に聞いてみた――……そういうはずだったのに、長明よ、お前は風体だけは清浄だが、心は世俗の濁りに染まっている。貧賤の報いで、心が病んででもいるのか、それとも妄心がやって来て、自分を狂わせているのか、と。――だが、それに対して、心は一言も答えなかった）(36)

寿命が尽きるのを前にして、今さら過去の不運や失敗の愚痴をいっても仕方がない、仏の教えで執着は禁物なのだ、と長明は考えます。しかし自分の心は世俗のことでいっぱいであり、なぜそうなのかと考えてみたものの、答えが出なかったと述べています。

『方丈記』は仏教における無常観《むじょうかん》（この世のすべては移りかわり、はかないとする見方）を主題とした著作物として知られていますが、その価値観に基づく理想とする老いのあり方がここから読み取れるでしょう。そしてそこには、「楽隠居を満喫しよう」「老いても社会と交わりたい」といった、老いをポジティブに捉える見方は感じられません。

若く見られたがる愚かさについて

誰しも老いを迎えたら俗事・現世の欲望から距離をおいて、つつましく暮らすのが望ましいとする考え方は、当時の主流宗教である仏教の教えに多く見られます。

中世期になると、世間的な話題をもとに仏教をわかりやすく人々に伝える説話集が仏僧によって盛んに執筆されました。その一つである十三世紀頃に書かれた『沙石集』における「老い」に対する見方をご紹介しましょう。

『沙石集』は無住《むじゅう》という僧侶によって執筆された仏教説話集ですが、その第五巻に、縁忍上人という人が詠んだ歌を取り上げて、仏教の教えと無住自身の考えを紹介している箇所があります[37]。

「山の端《は》に　かげ傾きて悔やしきは　空《むな》しく過ぎし　月日なりけり」

（山の端に月が傾き、また一夜が明けて、それだけ死が近づいたにつけても、悔やまれるのは仏道を疎かにして過ぎ去った日々である[38]）

無住によると、この歌は仏教の『遺教経《ゆいきょうぎょう》』が説明している内容と一致するといいます。その内容とは「仏道の教えに沿わずに日々を暮らすと、命が終わろうとするときに後悔するに違いない。そのせいで後生（来世のこと）に苦しんでも、それは本人の愚かさを原因とするもので、仏の失《とが》ではないだろう」というものです。

この仏の教えに対して無住は、人間は年齢に関係なくいつ死ぬのか分からない「老少不定《ろうしょうふじょう》」の身であるから、老いてからではなく、若いうちから後生に苦しまないよう仏道に励むべきと説きます。その上で、老いに対して次のような見解を述べています。

「……頭《かうべ》に雪を戴き、面《おもて》に波を畳《たた》む、なほ驚く心なくして、この世にぞめきつつ、栄花を思ひ、富貴を願ふ。後悔先に立たぬ事を弁《わきま》へず。実《まこと》に愚かなり」

（……頭は白髪となり、顔には皺《しわ》が寄る老人となってもまだ死の訪れに驚く心を持たず、俗事に奔走しては、栄華を考え、富貴を願う。「後悔先に立たず」という意味がわかっていない。実に愚かである[39]）

つまり無住によると、後生を良くするには若い頃から仏道に励む必要があるのに、老人になってもそのことを理解せず、世の中のことに捉われているのは愚かであるというわけです。

また『方丈記』や『徒然草』でも見られた、人は老いると醜くなるが、そのことを受け入れ、俗世から離れてひっそりと生きることを良しとする価値観が、『沙石集』第八巻にある「老僧の年隠したる事」という説話においても見られます。(40) この物語は、武蔵《むさし》の国の阿闍梨《あじゃり》という僧侶が人から年齢を聞かれた際、本当は七十四歳なのに少し若やいだ気持ちになりたくて、「六十歳とちょっとです」と答えた、という内容です。

現代でも、初対面の相手に対して自分の年齢を若く伝えてしまった経験がある人もいるでしょう。しかし無住は、若く見せる行為はこの世に対する強い執着心から生じるものであり、家族・眷属《けんぞく》を含めあらゆることに執心を持っているからこそ老いを疎ましく思うのだと指摘し、次のように述べています。

「逃るべき道にもあらず、添ひ果つべき伴《とも》にもあらず。夢のごとくにて、業《ごふ》に任せて散り散りになるべき身なり」

（人間とは、夢のようにはかなく、業に任せて散り散りにならざるを得ない身の上である(41)）

業とは、前世において善の徳をどれだけ積んだか、悪行をどれだけしたかが、現世での人生に影響するという仏教の考え方です。人間はどの道、業に従って散り散りになるしかない存在だと無住は指摘しています。現世は業により既に定められているので、周囲の人から若く思われようとしても老いからは逃れられず、結局のところ意味がない、というわけです。ここにも『方丈記』のような、一種の仏教的な無常観に基づく老いの見方を読み取れるでしょう。つまり「老いて俗事に没頭することは、仏事に励んでいない証明なので、極めてみっともない」、そして「老いて死んでいくことは逃れようもないので、老いてから実際よりも若く見せようとするなどの行為は、まったく無意味」というわけです。

江戸時代とは異なる古代〜中世期における高齢者観

『万葉集』『枕草子』では、高齢者を老いて醜い人、出しゃばるべきではない人、若者よりも望ましくない人、といったマイナスの見方で捉える傾向が見られました。『万葉集』の山上憶良の長歌、さらに『徒然草』『方丈記』『沙石集』では、「人は次第に老い、みっともなく衰えていく存在であり、その自然の流れには逆らいようがない」という老いの見方が見られ、その背景には仏教の無常観が影響していました。

また先に見た通り、古代〜中世期では高齢者を尊敬の対象・強者と見る見方もありましたが、子供や女性と同じく、社会の周縁部に位置する存在だとみなされる面もありました。老いたら若い世代のような「一人前」の存在として扱われないことは、律令における課税制度や村で取り決めた一揆・逃散への参加資格などからも垣間見られます。

こうした古代~中世期における老いの見方は、先にも少し触れましたが、江戸時代とは異なります。江戸時代において高齢者は老いて醜くなる存在と位置づけられるものの、「社会の周縁部にいる存在」といったネガティブな高齢者観がメインであったわけではありません。「楽隠居」の言葉に代表されるように、仕事や家業は若い世代に任せて、「老後は楽をしてのんびり暮らせる時代」というポジティブな高齢者観が、支配層・被支配層ともに持たれるようになります。

もちろん、ここまで取り上げた古代~中世期および江戸時代の史料に登場する人々、あるいは著作物の著者たちは、当時を生きた人々のごく一部です。それでも一定程度の時代ごとの傾向性は読み取れますし、古代~中世期までと江戸時代の間にある高齢者観の違いを見て取れそうです。

ここまで古代~中世期の高齢者観について見てきましたが、続いて江戸時代と同じく、当時の高齢者介護の実情についてひも解いていきましょう。

註

（1）律令制度については野村忠夫（一九九三）「養老律令」項、『国史大辞典14（や―わ）』吉川弘文館を参照。

（2）黒板勝美他編（一九七五）『新訂増補　國史大系　令義解〈普及版〉』吉川弘文館、九二頁。

（3）七五八年（天平宝字二年）七月に「老」が六十歳以上、「耆」が六十五歳以上に改められています（新村拓〔一九九一〕『老いと看取りの社会史』法政大学出版局、七頁）。

（4）飯沼賢司（一九九〇）「日本中世の老人の実像」利谷信義他編『シリーズ家族史5　老いの比較家族史』三省堂、一六〇頁。

（5）虎尾俊哉（一九八一）『日本古代土地法史論』吉川弘文館、七～九頁。

（6）新村（一九九一）、八頁。

（7）飯沼（一九九〇）、一六一頁。

（8）新村（一九九一）、八頁。

（9）黒田日出男（一九八六）「『童』と『翁』―日本中世の老人と子どもをめぐって―」『境界の中世　象徴の中世』東京大学出版会、二二一～二二二頁。

（10）鬼頭宏（二〇〇七）『［図説］人口で見る日本史　縄文時代から近未来社会まで』ＰＨＰ研究所、五六頁。

（11）服部敏良（一九七五）『王朝貴族の病状診断』吉川弘文館、二三四頁。

（12）Tomohito Nagaoka etc. (2006), "Paleodemography of a Medieval Population in Japan:

Analysis of Human Skeletal Remains from the Yuigahama-minami Site," *AMERICAN JOURNAL OF PHYSICAL ANTHROPOLOGY* 131: 1-1, p.4.

(13) 同右、p.4.

(14) 同右、p.6.

(15) 新村（一九九一）、一五〜二〇頁。

(16) 同右、二五頁。

(17) 同右、二七〜二九頁。

(18) 飯沼（一九九〇）、一六八頁。

(19) 同右、一六九頁。

(20) 同右、一七一頁。

(21) 黒田日出男（一九八九）『絵巻　子どもの登場　中世社会の子ども像』河出書房新社、五四〜五七頁。

(22) 同右、五七頁。

(23) 黒田（一九八六）、二二八頁。

(24) 江原由美子（一九八七）「男性の老い、女性の老い」多田富雄、今村仁司編『老いの様式　その現代的省察』誠信書房、二五八〜二八一頁。

(25) 同右、二六〇頁。

(26) 大久保廣行他編（二〇〇七）『老病死に関する万葉歌文集成』笠間書院、一六〜二九頁、一三二〜一三八頁。一字空きは筆者による。

(27) 伊藤博訳注（二〇〇九）『新版　万葉集　一　現代語訳付き』角川ソフィア文庫、三五四頁。

(28) 例えば「黒髪に　白髪交じり　老ゆるまで　かかる恋には　いまだあはなくに」（第四巻五六三、大伴坂上郎女〔おおとものさかのうえのいらつめ〕）では、黒髪に白髪が交じること＝老いとして表現しています。同様に、「皺（しわ）」、「白髭（しらひげ）」、「面変わる（おもがはる）」といった表現を用いている歌も多くあります。詳しくは大久保他（二〇〇七）を参照。

(29) 例えば「悔しくも　老いにけるかも　我が背子（せこ）が　求むる乳母（おも）に　行かましものを」（第十二巻二九二六〔二九三八〕）、「天なるや　月日のごとく　我（あ）が思へる　君が日に異（け）に　老ゆらく惜（を）しも」（第十三巻三二四六〔三二六〇〕）など。

(30) 伊藤博（二〇〇九）、三七四〜三七六頁。中略は筆者による。

(31) 同右、三七五〜三七六頁。一字空きは筆者による。

(32) 松尾聰、永井和子校注（一九九七）『新編　日本古典文学全集18　枕草子』小学館、六四〜六五頁。中略は筆者による。

(33) 同右、二九頁。

(34) 神田秀夫他校注（一九九五）『新編　日本古典文学全集44　方丈記　徒然草　正法眼蔵随聞記　歎異抄』小学館、八六〜八七頁。中略は筆者による。

(35) 同右、二一六〜二一七頁。

(36) 同右、三六～三七頁。中略は筆者による。
(37) 小島孝之校注（二〇〇一）『新編　日本古典文学全集52　沙石集』小学館、二四九～二五一頁。
(38) 同右、二五〇頁。一字空きは筆者による。
(39) 同右、二五一頁。
(40) 同右、四一八頁。
(41) 同右、四一九頁。

第四章

江戸時代以前の介護事情——古代～中世期の介護——

当時の要介護状態となる原因とは

江戸期には、高齢者が要介護状態となる原因を探るための史料（『孝義録《こうぎろく》』など）があります。しかし古代～中世期において、介護情報を大量に掲載した史料は見つかっていません。

そのため江戸期、現代の高齢者が要介護状態となる要因をもとに、古代～中世期も同じような事態が起こっていなかったか探りたいと思います。もちろん当時と江戸期、現代とでは医療水準、食事内容、住環境なども変わるので、要因が全く同じにはならないとは思われます。ただ恵まれた現代社会においてさえ要介護状態になるわけですから、当時も同様の理由で一定程度生じていたのではないか、とも推測できるでしょう。

第一章での、江戸時代の介護事情でも触れましたが、江戸期の高齢者が要介護状態となる二大要因として目の病気と脳卒中（中風《ちゅうぶ》）、現代の高齢者が要介護状態となる二大要因として認知症と脳卒中があります。

江戸時代に作られた『孝義録』では、現代でいうところの認知症とも思われる「心疾」や「狂疾」は少なめでした。しかしこの点は前述の通り、認知症（「ほうける」や「耄《もう》」）の症状は老いれば誰しも生じるので、ことさらに病気として認識していなかったことも要因として挙げられます。そのため認知症になっていた高齢者は多数いたとも考えられ、先に取り上げた新井白石の『折たく柴の記』や『官刻孝義録』の「さこ」の事例（義母が「老いほれて物くるハしく」なった）のように、認知症に該当すると思われる症状を記載した史料も散見できます。

　さらに江戸期は現代とは違い、眼病によって盲目となり、子から介護を受けている老親が多く見られました。この点は今と江戸期の医療水準の差といえますが、さらに時代をさかのぼった古代〜中世期でも相当数の眼病による要介護者がいたと考えられます。

　以上のことから、ここでは古代〜中世期の高齢者を要介護状態にした病気として、認知症、脳卒中（中風）、眼病に注目し、これらの病について書かれた当時の史料・物語についてご紹介しましょう。

　まず認知症についてですが、物忘れがひどくなる（記憶障害）、人や時間、場所がわからなくなる（見当識障害）といった症状をイメージされる方も多いかもしれません。実際、症状が進行すると先述のような手のかかる行動が見られる場合も多く、介護者の負担が大きくなってきます。

　古代〜中世の時代において「認知症」と命名されていないものの、同様の発症を想定していると思われる記録がいくつか残されています。

『日本書紀』に続いて作られた勅撰《ちょくせん》の歴史書である『続日本紀』の「元明天皇（和銅六年

四月〜五月）」の「五月七日」の項に、「制すらく（制度化したこと）」として以下の内容が記されています。

「郡司の大少領は、終身を以《もち》て限《かぎり》とし、遷代《せんたい》の任に非《あら》ず。……若《も》し歯縦心《よはひしようしむ》に及び、気力尩弱《きりよくわうじやく》、筋骨衰耗《きんこつすいかう》して、神識《しんしき》迷ひ乱れ、また、久しく重き病に沈み、起居《たちゐ》漸《すす》まず、狂言《たはごと》を発《いだ》し、時務に益无《やくな》き、此《かく》の如き類《たぐひ》、心素《しむそ》を披《ひら》き訴《うつた》へ、田に帰りて命を養はむとせば、理《ことわり》に聴《ゆる》すべし[1]」

（郡司の大領・少領は終身を任期とし、年限によって遷り代わる職ではない。……もし年齢が従心〔七十歳〕に達して、気力が弱り、筋骨が衰え、精神や意識が混乱し、あるいはまた永らく病いの床にあり、起居が不自由であったり、正常ではないことを口走ったり、政務が処理できないときには、飾りのない心をひらき訴え、故郷に帰って養生したいと望むならば、道理に従って許すべきである[2]）

制度の内容として、郡の長官・次官は江戸時代の武士のような老衰隠居ではなく、基本的に終身とした上で、もし年齢が七十歳に達して心身が弱ったときには、職を辞めて故郷に帰っても良い、と記されています。注目したいのは、「神識迷ひ乱れ（精神や意識が混乱し）」と「狂言を発し（正常ではないことを口走ったり）」の箇所です。これらは現代の認知症を想定しているのではないかともいわれています。[3] もちろん当時は認知症の原因疾患に関する医療知識はなかったでしょうが、七十歳に達する頃に言動に異常が生じる人＝現代でいう認知症の人が多くいる、との認識があったとも考えられます。

老いた親が鬼になる

続いて『今昔物語集』の巻二十七に記されている「猟師母《れふしのはは》、成鬼擬噉子語《おにとなりてこをくらはむとすること》」の物語においても、認知症の症状が見られると指摘されています。[4] 話が少し長いので、以下に現代語で概略を述べましょう。

昔、鹿や猪の狩猟を仕事にしている二人の兄弟がいました。ある日、兄弟そろって山中の木の上で獲物を待っていると、上から怪しげな者が手を伸ばし、兄の髻《もとどり》（髪の毛をたばねている場所）をつかんで引き上げようとします。驚いてその手をつかむと痩せこけた人の手でした。兄は「鬼が自分を食おうとしている」と思って弟を呼び、「もし私の髻をつかんで引っ張り上げる者がいたら、お前はどうするか」と尋ねます。弟は「射ます」と答え、兄が「ならば射ろ」というと、弟は弓矢で鬼と思われる者の手を射切りました。兄弟はその手を持ち帰ります。

二人が家に帰ると年老いた母がうめき声をあげていました。部屋の戸を挟んだところから兄が「なぜうめき声を上げているのですか」と聞いても返事はありません。射切られた手をふと見ると、どうも母のものに見えてきました。嫌な予感がして戸を開けると、母は起き上がり「お前たちよくも」とつかみかかろうとしたので、二人は戸を閉めて逃げ去ります。その後まもなく母は死にましたが、二人が近寄って見ると、母の片手は無くなっていました。つまり母が老いて鬼となり、狩猟場で子供を食おうとし、弟が弓で射て死なせた……という話です[5]。

この話で注目したいのは、①母は老いている、②家にいた母の手が射切られた状態だったので、山中で兄弟の前に現れたのは母、③木に上り、兄の髻をつかもうとする異常な行動をする母、④家に戻った我が子に対して、暴言を吐いて襲い掛かる母、などの点です。

①〜④の点から兄弟の母は認知症を発症していて、尋常ではない行動の数々は認知症の行動・心理症状（ＢＰＳＤ）ではないかとも推測できます。認知症になると、妄想、幻覚、徘徊、暴言、攻撃行動といったふるまいが見られる場合もあり、症状が深刻化すると、介護者による見守りが常時必要になってきます。

この物語の終盤には、次のように記されています。

「然《しか》レバ人ノ祖《おや》ノ年痛《としいた》ウ老タルハ必ズ鬼ニ成テ此《か》ク子ヲモ食ハムト為《す》ル也ケリ」
（人の親でひどく年老いた者は必ず鬼になってわが子をも食おうとするのである(6)）

この箇所からは当時、親が老いると常識的なふるまいができなくなる＝鬼になるという俗説が流布していたのではないかとの指摘もあります(7)。当時は現代のような認知症に関する知識はありませんので、認知症によって生じる行動・心理症状のことを、「鬼」の概念に含まれるものとして扱っていたのかもしれません。「年痛ウ老タルハ必ズ鬼ニ成テ」と断定的に述べている箇所からは、長生きをする人ほど鬼のようなふるまい、つまり認知症のために行動異常が生じやすくなる実情を述べているとも読み取れます。

またこの物語では兄弟が自宅で母を養っていますが、その方法は以下のようであったと記されています。

「而《しか》ルニ、年老テ立居モ不安《やすから》ヌ母ノ有ケルヲ、一ツノ壺家《つぼや》ニ置《おき》テ、子二人ハ家ヲ衛別《かくみわ》ケテ居タリケルガ、……」
（ところで、家には年老いて立ったり座ったりもままならぬ母がおり、ひと部屋に住まわせ、兄弟二人は母の部屋を囲むように両側に別々に住んでいたが、……(8)）

つまり母の部屋を挟んで兄弟二人が住んでいたわけです。この居住形態からみるに、二人は普段から老母の見守り・介護をしながら住んでいたのかもしれません。兄弟で介護をしていたものの、猟に出て母を一人きりにしてしまい、その結果ふらりと家を出た母は、兄の髻をつかんだ……とも推測できます（ただし立居もままならない母が、木に上って兄の髪の毛をつかめるのかなど、やや疑問の残る点もありますが）。

中世期の脳卒中

九八四年（永観二年）に編纂された日本最古の医学書であり、中世期の医師にも読まれていたと思われる『医心方』には、中風の項が記されています。ただ古代〜中世期の頃は中風＝現代でいうところの脳血管疾患（脳卒中）と厳密に規定されていたわけではなく、脳卒中も含めた突然出る症状全般について、「風に中《あた》った」や「風に中《やぶ》られた」と表現されていたようです。(9) そのため症状が起こる部位ごとに「頭の中風」「肝の中風」などと呼ばれ、中風に含まれる病気の範囲はかなり広くなっていました。実際、『医心方』の中風の項に含まれる病気・症状には、腰痛、目まい、呼吸の切迫、悪寒、むくみ、だるさ、発汗、顔色の変化、さらには現代でいう心の病気や認知症、てんかん、ハンセン病、皮膚がん、糖尿病、パーキンソン病の症状なども含まれています。

ここでは現代の「脳血管疾患」と比較すべく、中風の中でも特に現代の脳血管疾患と同様の症状がみられるケースに着目し、その内容が取り上げられている史料をいくつか取り上げます。

まずは日本臨済宗の開祖である栄西《えいさい》（一一四一〜一二一五年）の『喫茶養生記』をご紹介しましょう。この書籍ではお茶が人間の寿命を延ばす薬であると論じられていますが、病気の類型もされており、中風が取り上げられています。


「二に曰く、中風手足の心に相従はざるの病。此の病近年衆《おお》し。亦冷気等より起る。針灸を以て血を出し、湯治して汗を流すは害をなす」

（二に中風で手足が思うように動かない病《やま》い。この病いは近年多くなっている。この病いもまた寒気からの冷え等から起こっており、針・灸をもって血を出したり、湯治によって汗を流したりするのは危ない[10]）


ここでは中風により手足が動かなくなる病気について説明されています。脳の血管の異常によって生じるという認識はなかったようで、あくまで手足が動かなくなる病気という位置づけのようです。

しかし内容からすると、手足が思うように動かないことから、現代でいう脳卒中の後遺症である麻痺（半身麻痺など）だと考えられます。「この病いは近年多くなっている」と記されているので、十二世紀末〜十三世紀初め頃は、中風で手足が不自由となる人が結構多かったとも思われます。また寒い時期に起こりやすい（血管が収縮して血圧が上がり、脳卒中のリスクが高まる）、過度に汗を流して体に水分がなくなると危ない（水分不足で血がドロドロになると、脳卒中〔脳梗塞〕が起こりやすい）といった記載も、現在の脳血管疾患の発生要因と合致します。


また鎌倉時代の軍記物語である『源平盛衰記』の巻第二十七に、当時の武将である城《じょうの》資永《すけなが》が中風になった話があります。

城資永とは越後（現在の新潟県）に勢力を伸ばしていた武将です。当時権勢を振るっていた平氏一門に対して、資永の弟である城永茂《じょうのながもち》が手紙を届けたのですが、その内容は、源義仲追討の軍勢を率いて信州（現在の長野県）に出発しようとしたものの、資永は中風で倒れてしまった、というものです。

「資永即ち大中風して病に臥し、腕《かひな》すくみて思ふ状をも書き置かず。舌強《こは》くして思ふ事をも言ひ置かず、明くる巳《み》の時に悶絶僻地《もんぜつびやくち》して、周章《あわて》死《じに》に失せ候ひ了《をは》んぬ」(11)

（資永は重い中風に罹って倒れて、腕が利かなくなって自分の意思を示した書面も書き残さず、舌がこわばって思っていることも言い残さずに、明くる巳の刻〔午前十時頃〕に苦しみ悶え転げ回り、急に死んでしまった）(12)

資永は中風になった後すぐに死亡しており、要介護状態のまま生き続けたわけではありませんが、「腕が利かなくなって」や「舌がこわばって」など、脳卒中を原因とする麻痺の症状が読み取れます。

白内障で失明

眼病によって視力が失われて要介護状態になる病例の一つが白内障です。白内障とは、主に加齢によって目の水晶体が白く濁り、視力が下がる病気です。現代であれば、濁った水晶体と人工レンズを取り換える手術などを行えば治療できます。しかし当時はそのような手術はできません。白内障によって視力が失われるケースは多かったと推測されます。

例えば日本における律宗の開祖である鑑真《がんじん》（六八八〜七六三年）は盲目になったといわれ

ていますが、盲目に至るまでの過程が、「炎熱の中で視力が徐々に衰えていったこと」「失明したのが六十三歳くらいであったこと」「眼痛などの自覚症状の記録がないこと」などから、老人性白内障であったとの指摘がされています。⑬

平安時代末期〜鎌倉時代初期頃に作られた『病草紙《やまいぞうし》』にも、白内障と思われる眼病が取り上げられています。⑭『病草紙』は、当時みられた奇病の症状や治療の様子を絵で図示し、さらに詞書《ことばがき》にて病気の内容を詳しく説明している絵巻物です。長いので概略のみ現代語にて取り上げます。

大和《やまと》（現在の奈良県）の国で使用人として働いている男が、近ごろ目が見にくいと嘆いていました。そんなある日、男が仕えている家の門から誰かが入ってきて、「私は目の病を治す医者である」というので、家の主はすぐに医師を家の中に呼び入れて、使用人の男をじっくり診させたところ、医師は「針をすれば良いだろう」といって、目に針を刺しました。そして施術後に「これで良くなったでしょう」といい残して、医師は去りました。しかしその後、いよいよ目が見えなくなっていき、結局片目は見えなくなったとのことです。⑮

　この男がどのような眼病であったのかは不明ですが、現代でいう白内障に該当すると考えられています。[16]目に針を刺すという想像するだけで痛々しい治療が行われていますが、この男の場合、もう一方の目は問題無いようなので、要介護状態までには至っていないと思われます。

　この『病草紙』には当時奇病とされた病気が多数紹介されていますが、現代の医学分野から見ると決して珍しい病気ではなく、平安末期～鎌倉初期を含むいつの時代にも存在するもの、との指摘があります。[17]白内障は片目だけでなく両目とも進行する場合もあり、年齢を重ねるほど発症リスクが高まるので、両目とも盲目に至った高齢世代の人は当時多かったのではないでしょうか。

　また、平安時代末期から鎌倉時代初期にかけて生き、歌人・歌集編纂者として知られる藤原定家《さだいえ》《ていか》も目の病に苦しんだようで、状態を日記に書き残しています。四十歳になる一二〇二年（建仁二年）八月十三日に次のような記載があります。

「十三日。……一昨日《おととい》より、右の目大いに腫《はれ》る。撰歌の間、眼精尽くるか」

（十三日、……一昨日から、右目がひどく腫れている。撰歌をしている間に、眼精が尽きてしまったのか）[18]

このとき定家は、千五百番歌合せをしていた時期に重なり、そのことが極度の眼精疲労をもたらしたと考えられています[19]。藤原定家は歌人であると同時に、『新古今和歌集』や『新勅撰和歌集』の選者になったり歌論集を書いたりと、歌を評する側としても忙しい身でした。作業が夜遅くまで続くと、ろうそくや月明かりなどを頼りに作業する必要もあったでしょう。次第に目に疲労が蓄積したわけです。翌一二〇三年（建仁三年）十一月四日に「目に針を加ふ」、同十三日には「小針を加ふ」とあり[20]、先ほどの大和の国に住む男のケースと同じく、針を使った目の治療も行われていたようです。その後、六十五歳になった一二二七年（嘉禄三年・安貞元年）十月四日に「目の病、猶減なし。已《すで》に盲目か」とあり[21]、老いた後、結局右目はほぼ見えなくなったと考えられます。

定家の場合、現代人にも多い眼精疲労で苦労したようで、『病草紙』にもあるような、目に針を刺す治療もしています。ただすぐに失明はせず、右目が盲目かと自覚したのは老いを迎えた六十五歳のときなので、眼精疲労を訴えたときから二十年以上は見えていたようです。右目の失明後も、左目は見えていたので、要介護状態にはならなかったと考えられます。しかしその後、左目ばかりを使っていたためか、七十二歳のときには「左目が腫れた」とも訴えています。

これまで見てきた認知症や中風（脳卒中）、眼病以外にも、現代人と同様に要介護状態となる病気は多くあったでしょう。中風については、城資永のように発症後まもなく亡くなる患者は、現代に比べるとはるかに多かったと思われます。一方で白内障のように、現代人であればすぐに治療できる病気であっても、当時だと要介護状態に至る原因になり得たでしょう。

なお病気ではありませんが、現代の高齢者は転倒による大腿骨骨折により要介護状態となる事例も多いです。栄養価の高い食事をしている現代の高齢者でさえ多発しているわけですから、本書では触れていませんが、古代〜中世期においても転倒して大けがをし、そのまま動けなくなる事例は多かったとも推察されます。

身内が介護しないと批判の対象に

要介護状態となった場合、古代〜中世では誰が介護を行っていたのでしょうか。この点については各種史料を見る限り、要介護者に子供や配偶者、兄弟姉妹がいる場合は、身内が担うのが望ましいと考える傾向があったようです。

『今昔物語集』の巻三十一に「尾張守於鳥部野出人語《をはりのかみとりべのにしてひとをいだすこと》」という話があります。[22] 昔「尾張守」という人物に「女」（尾張守の妻か、妹か、娘かは不明確）がいて、「女」に国や郡の管理を任せ、裕福に生活させていたものの、年老いて尼になってからは面倒をみなくなり、その後「女」は住まいを転々とし、やがて悲惨な死を迎えてしまった……という内容です。

登場する「女」には子供が二〜三人いたようですが、他国に流れて消息は分かりません。頼れる子供がいない「女」の生活は、身内である「尾張守」が支える形となります。しかし「女」が高齢になった頃に、「尾張守」は支援を打ち切ってしまいました。保護を受けられなくなった後、「女」は「兄にあたる者」の家に移り住みます。しかしつらいことも多かったようで、やがて病気にかかってしまいます。

病気は日に日に重くなり、やがて意識もはっきりしなくなりました。「兄にあたる者」は穢れを恐れたのか「絶対に家では死なせたくない」と考え、「女」を追い出してしまいます。その後、「女」は「昔の友達」にお世話になろうと出向いたところ、同じく「ここで死んでは困ります」といわれます。もはやどうしようもなく、「女」は墳墓が並ぶ葬送の地である「鳥部野」に行き、敷物を敷いて座りました。生きているうちに墓場に行き、そのまま死のうとしたわけです。やがて「女」は亡くなります。

この話には、「女」を見捨てた「尾張守」「兄にあたる者」「昔の友達」が登場します。では「女」の悲惨な死について最も重い責任があるのは誰でしょうか。同等に悪いという見方もできるでしょうが、『今昔物語集』では次のように書かれています。

「彼ノ尾張ノ守の妻《め》カ、妹カ、娘カ、不知《しら》ズ。何デ有トモ、「極《いみじ》ク口惜ク不問《とは》ザリケル事」トゾ聞ク人誇《そし》りケル、トナム語リ伝ヘタルトヤ」

（かの尾張守の妻か、妹か、娘か、それは知らない。それがだれであろうと、尾張守が面倒をみてやらなかったのは、じつにけしからぬことだと、この話を聞く者は皆非難した、とこう語り伝えている[23]）

当時の人は「尾張守」が悪いと非難したわけです。病気であるのに家を追い出した「兄にあたる者」、頼ってきたのに見捨てた「昔の友達」にも責任があるように思われますが、人々は「尾張守」が悪いとしています。

その理由が、「女」が「尾張守」の「妻か妹か娘」のどれかにあたる点です。つまり「女」は「尾張守」の一番近い身内・親族なのに、薄情にも老いてから面倒をみなかったから最も悪い、と当時の人々は考えたわけです。「兄にあたる者」は「女」にとって他家の人間であり、また「昔の友達」は血のつながりがないので、ケアや看取りの責任までは押し付けられないと人々は考えたのではないでしょうか。

この物語は、「老いた人の世話は、身内が愛情をもってするもの」と考える価値観が、古代〜中世（この話は、『今昔物語』が書かれた平安末の時代において「昔」の話として登場）の頃には、一種の常識として成立していたことを想像させてくれます。

見捨てられた老人を介護した女性の正体

『沙石集』の第四巻にある「上人《しやうにん》、妻せよと人に勧めたる事」には、同じ介護を受けるにしても、身内から受けるのが最も望ましいとの内容が述べられています。

この物語に登場するのは、和州（現在の奈良県）にある松尾《まつのお》の山寺に住む「中蓮房《ちゆうれんぼう》」という僧侶です。中蓮房は中風を発症した後、小さな庵《いおり》で生活するようになりました。そこに、一人の僧侶が訪ねてきて「御房は（妻を持たない）聖《ひじり》ですか」と問うと、中蓮房は「聖です」と答え、その上で、少し長いですが次のようにいっています。

「『疾《と》く疾く妻具《ぐ》し給へ。我が身、若きよりひじりて侍《はんべ》りしかば、弟子・門徒その数多くありしかども、かかる中風者、かたわ人に成りて後は、『さる者のあり』とも、思ひも合はず。……妻子あらんには、これ程の心憂き事はあらじとこそ覚ゆる。今少し、若くおはす時、人をも相語《あいかた》らひ給へ。年来《としごろ》になるこそ、夫婦の情《なさけ》も深けれ。かかる病《やまひ》をば、必ずしも人の受くべきと思ひ給ふまじきなり」とぞ勧める」

（「一刻も早く妻をお持ちなされ。私は若い時から妻帯せずに過ごしてきましたので、弟子・門徒は多くおりましたが、中風を患い、体が不自由になってからは、『そのような者がいる』と彼等は思い出しもしません。……もし妻子がいたら、これ程辛いことにはならないだろうと思います。少しでも若いうちに、妻をお持ちなされ。長年連れ添えば、夫婦の愛情も深いでしょう。このような病に、必ずしも自分がなるとは限らないと思ってはなりません」と勧めた(24)）

中蓮房は若い頃から僧侶として妻帯しなかったので、周りにいるのは弟子や門徒ばかりでした。しかしいざ中風を患って体が不自由になると、周りの人々は中蓮房を見捨てたようです。そのため病の身になると弟子や門徒はあてにはならず、愛情のある妻子こそ頼りになると述べています。

ここで注目したいのは、中蓮房は妻子がいないのに、妻子がいればきっと頼りになっただろうと強く思い込んでいる点です。中蓮房は知識として、中風などの病により要介護状態となった人が、妻子から手厚く介護され、きちんと看取りを受けたケースを見聞きしていたのかもしれません。そのような人と、弟子からも見捨てられて一人身である自分を比較して、尋ねてきた者に「妻帯すべき」と説いているとも考えられます。「きちんと介護をしてもらうには妻子が必要」との言葉からは、介護行為には妻子・身内が持つ愛情が重要であるとする価値観・考え方が読み取れます。

また同じ『沙石集』第四巻には、自分の娘に看病された僧侶の話も掲載されています[25]。

当時、坂東《ばんどう》（現代の関東地方）の山寺に中風を発症して、要介護状態となった僧侶がいました。年月が経過するうちに、看病をしていた弟子たちは疲れ果て、僧侶を放置するようになってしまいます。

しかしちょうどその頃、どこからともなく若い女性がやってきて、僧侶の介護を始めました。最初はどういう人なのかを尋ねても、はっきりと答えなかったのですが、手厚い介護を受けながら年月が過ぎたとき、実はあなたの娘であると打ち明けます。聞くと、看病人が疲れて介護が十分ではないと聞いたので、世話するために来たとのこと。僧侶は最期まで看病され、心安らかに旅立ったといいます。

この僧侶は、ケアをしてくれる若い女性が自分の娘だと知ったとき、次のように述べたと記されています。

「然《しか》るべき親子の契《ちぎり》こそ、哀《あは》れなれ」

（しかるべき親子の契りだったのだと、しみじみ感じられることよ[26]）

親子の契りだからこそこうしてケアをしてくれたのだ、親子の情愛なればこそだ、と僧侶は感じ入っています。『沙石集』は仏教説話集であり、現実の記録というより、教えを説くための教訓めいた話題が中心です。この物語からは、介護を受ける場合は親子の契りこそ頼りになる、親子のつながりを大切にすべきといった、当時によしとされた考え方・価値観を読み取れるでしょう。

身内がいない貧しい要介護者の末路

運よく自分の娘から手厚い介護を受けられた僧侶の話を取り上げましたが、実際のところ古代〜中世初め頃にかけて、現代のような「両親と子供が一つ屋根の下で生活する」という家族のあり方は一般的でなかったともいわれています[27]。

当時は短期的もしくは長期的に夫が妻の家へ通う「通い婚」（妻問婚）が多く、さらに離婚と再婚が流動的に行われていたことから、「母子＋離れて暮らす夫」という家庭状況も多かったようです。いわば「夫婦別居」が基本であり、たまに夫が妻と子供のいる家に通う形です。こうした通い婚による家族形態などを踏まえると、当時の「家」は暮らしの中にある「重層性」としてのみ存在していたのではないか、とする見方もあります[28]。つまり当時の「家・家族」の概念が、今のような「一つ屋根の下で暮らすこと」ではなく、「父・母との関係」「複数の通婚関係」「子との関係」といった関係性の「重層」によって形成されていた、というわけです。このような通い婚に基づく婚姻関係の場合、夫が妻のあるいは妻が夫の介護を受ける、子供の介護を受けるといった現代・江戸時代で多くみられる方式が取りづらいケースも生じるでしょう。

さらに先ほどみた僧侶の話にもあるように、中世は仏教が隆盛を迎えており、当時は寺院・尼寺で単身者として生きる人が一定数いました。出家《しゅっけ》すると基本的に俗世とは遮断されるので、要介護状態となったときに、家族による介護は難しくなります。

ただ中世も後半になってくると、農民層においても家父長的な家庭（父親・夫が家長となる世帯）が徐々に一般化したようです。経済力のある富農ではなくても、結婚して、子供を作り、安定して一家を成す「家」の形成ができるようになったわけです[29]。全体の流れとして、中世前期の家はきわめて不安定かつ非永続的な組織であったのに対し、中世後期・末期になると永続的・安定的な家が登場していったとの指摘もあります[30]。家族が安定して一つ屋根の下に同居する傾向が生じる中で、一緒に暮らす家族による介護が行われるようになっていったとも考えられます。

また中世期には遊芸民、民間宗教者、手工業者、山の民、船上生活をする川の民や海の民、行商人といった非定住の非農業民も多く存在していましたが、(31)こうした人々は固定の「家」をもたないため、介護環境としてはより厳しい状況にあったとも考えられます。それでも子や孫と暮らしていれば、出来る範囲内でケアを受けられたのではないでしょうか。

しかし世の中が安定して身分・家業がある程度定まった江戸時代に比べると、古代〜中世期は「家」の形成は発展途上で、家族を作ることが難しい人々も多くいました。生まれた集落・環境を離れて流れ者になった人、領主に隷属する下人《げにん》、飢饉・戦乱などにより家族を養う余裕がなかった農民など、貧しさ故に単身生活で精一杯となった人達です。これらの人々は単身のまま老いることになり、要介護状態となった場合、ケアを受けられずに死に至るケースが多かったとも考えられます。

平安初期に書かれた『東大寺諷誦文稿《とうだいじふじゅもんこう》』は仏教の法会で話す説法を集めた文献として知られていますが、その中に「貧人」の最期について述べられています。

「貧シキ人ハ、生ケル時ニハ飢寒ノ恥ヲ被リ、命終ノ後ニハ一尋ニ足ラ不《ぬ》葛ヲ頸ニ繞フ、此レヤ此ノ郷ノ穢《けがれ》、家ノ穢ナリトイヒテ、犬烏有ル藪ヲ指シテ引キ弃《ス》ツ、虚リテ額を叩キテ乞ヒ誓メトモ、助クル人无シ」

（貧しい人は、生きているときには飢えや寒さの恥をこうむり、命が終わった後には、一尋《ひとひろ》（両手を広げた長さ〕にも足りない葛《かずら》が頸《くび》にからみつく。そのような人は郷の穢れ、家の穢れと云われて、犬や烏《からす》のいる藪《やぶ》に引き棄てられる。したくもないのに額を地面に打ちつけて助けを乞い求めるが、助ける人はいない)(32)

法会は僧侶・信徒の集まりのことで、参集者に対して説法が行われます。その際、仏の教えを分かりやすく理解してもらうため、様々な社会的事象を話題とすることが多いです(現代のお寺で行われる説法も、そのような面があるでしょう)。『東大寺諷誦文稿』のこの箇所は、助けを求めるような描写もあることから、生きながら人を「引き棄てる」実態を示す内容であり、「貧人」の「棄老」が当時の社会に存在したことを如実に示しているとの指摘があります(33)。

そして中世中期以降では、飢饉、疫病、戦乱、領主の暴力的支配などが全国各地で発生していたため、庶民層では過酷な環境下により家族の成員が短期間で変わっていく事態も起こっていました。僧侶・尼のように出家して自ら孤絶の生き方を求めた人のみならず、家族との生き別れ、貧困などによる家・家族の崩壊により、単身で老いていくことを余儀なくされた人も多かったわけです(34)。

古代にも存在した驚きの介護制度

現代では介護保険という公的保険制度があるため、家族介護者がいなくてもケアを受けられます。しかし古代～中世期の場合、そのような公的なケア・サービスはなかったとイメージする人は多いでしょう。

実は、現行の介護保険制度などに比べるとささやかで、しかも限られた時期のみではありますが、古代～中世初期に法制として影響力を持った律令制度において、高齢者を対象とするケア制度が盛り込まれていました。

高齢者以外の世代も含めた要援護者に対するケアが始まったのは、五九三年（推古天皇元年）に聖徳太子が大阪の四天王寺において、悲田院、敬田院、施薬院、療養院の四箇院という現代でいう病院・福祉施設を設立したのが最初といわれています[35]。病気や怪我人の救済を国の役割とする考え方が、古代日本において既に成立していたわけです。

また六八〇年（天武天皇九年）には天武天皇が貧しい僧侶・尼、百姓《おおみたから》に対して、冬の十月に賑給《しんごう》（食料などを施し与えること）を行ったとの記録が『日本書紀』に残されています[36]。古代の頃から規模は小さめとはいえ福祉事業が行われていたわけです。

前章でも見た通り、七〇一年（大宝元年）には「大宝律令」が制定（翌年までに律令とも施行）され、その後、大宝律令の改訂版である「養老律令」が策定されて七五七年（天平宝字元年）に施行されましたが、養老律令の「令」の八番目に「戸令《こりよう》」が定められています。戸令には前章でご紹介した高齢者の区分だけではなく、「給侍条」の箇所に高齢者を対象とする救済・ケア制度が盛り込まれています。

「凡年八十及篤疾。給侍一人。九十二人。百歳五人。皆先盡子孫。若无子孫。聴取近親。无近親。外取白丁。若欲取同家中男者並聴。郡領以下官人。數加巡察。若供侍不如法者。随便推決」

（八十歳以上及び篤疾《とくしち》の者には、侍を一人給付する。九十歳以上だと二人。百歳だと五人。それらは皆、子孫を優先的にあてがうものとする。もし子孫がいないときは、近親から採るものとする。もし近親がいなければ、外部から白丁《はくてい》（二一〜六十歳の男性である「正丁」および六十一〜六十五歳の男性である「次丁」が対象）を採るものとする。もし同じ家の中男（一七〜二十歳の男子）を採りたいと思うなら、いずれも聞き入れる。郡領以下の官人は、よく巡察を行うようにする。もし供侍が法に沿っていないときは、状況に従って推決する）[37]

「侍」とは現在でいうところの介護者に該当し、この給侍条は事実上、現代における在宅福祉サービス制度を定めたものであるとの指摘もあります[38]。この箇所の令義解《りようのぎげ》の解説文には「不限貴賤」（貴賤は関係ない）[39]ともあり、社会的地位や財産の有無とは無関係に、あまねく給侍制度を施行しようとしていたことを踏まえると、現代の福祉の考え方に通じる部分があるともいえるでしょう。

「侍」には子孫・近親が優先的に採用されますが、いない場合は血のつながりのない人間を採用してでも介護を行うものとする、ともあります。ここからは「社会が高齢者をケアすべき」との考え方・価値観を読み取れます。なお最後の「法に沿っていないときは、状況に従って推決する」については、「令義解」の解説文に次のような補足が加えられています。

「量其情状。便決以笞罪也」
（〔推決においては〕情状を量る。状況によってはむち打ちの刑とする）[40]

法に則った給侍がされていないときは、罰則まで設けられていたわけです。この場合、罰則を受けるのはその地域を管轄する役人（郡領以下の官人）と考えられ、役人としては、自分の身を守るためにも、担当地域での給侍制度の施行を確実に行おうとしたでしょう。高齢者のケアを確実に行うよう、国として強めに要求していたといえます。

律令制度の要介護区分

先ほど取り上げた「給侍条」では、介護者である「侍」は八十歳以上または「篤疾」の者に一名給付とありましたが、ここでの篤疾とは、戸令の「目盲条」に記されている当時の障害者区分です。戸令では、障害者は次の三つに区分されていました[41]。

・残疾《ざんしち》……片目が盲目、両耳が聞こえない、手の指が二本ない、足の指が三本ない、手足に親指がない、できものにより髪が禿げている、久漏《もるやまい》（体に潰瘍ができて膿の汁が止まらない、痔瘻など）、下重《げじゆう》（陰嚢の病気）、大癭瘇《だいようしゆう》（首や足の大きな腫れ物）など。

・癈疾《はいしち》……癡《おろかひと》（精神障害者）、瘂《おうし》（言語障害者）、侏儒《ひきひと》（小人症）、腰・背中の骨折、四肢の一つが欠損・不自由など。

・篤疾……悪疾《あくしち》（ハンセン病など）、癲狂《てんおう》（てんかんなど）、四肢の二つが欠損・不自由、両目が盲目など。

残疾が軽度で、癈疾が中度、篤疾が重度の障害者として分類されていました。介護者である「侍」が給付されるのは最も重い篤疾からであり、それと同程度として「八十歳以上」の高齢者が位置づけられていました。前章で見た通り、それなりに長生きした人はいたでしょうが、当時の庶民層が八十歳まで生きるのは至難の業です。まして「侍」が二人給付される九十歳、五人給付される百歳まではなおさらです。実態としてどのくらい「侍」が活動していたかの詳細は定かではなく、あくまで制度上での取り決めではありますが、この時代から高齢者を支える公的なルールが日本にあったことは注目に値します。(42)

また現代日本では独居高齢者の増加が問題視されていますが、当時は一人身の高齢者に対して特別な配慮も行っていました。戸令の鰥寡条《かんかじょう》には以下の記述があります。

「凡鰥寡孤独。貧窮老疾不能自存者。令近親収養。若無近親。付坊里安䘏。如在路病患。不能自勝者。当界郡司」

（鰥寡孤独、貧窮、老疾により自立した生活を送れないものは、近親が引き取って養う。もし近親がいなければ、坊里に預けてケアを行う(43)）

「令義解」によると、「鰥」とは妻のいない六十一歳以上の者、「寡」とは夫のいない五十歳以上の者、「孤」とは父のいない十六歳以下の者、「独《どく》」とは子供のいない六十一歳以上の者、をそれぞれ意味します（八世紀の実際では、鰥は六十歳以上、独は五十歳以上(44)）。また「老疾《ろうしち》」については、「老」は六十六歳以上、「疾」は先述した障害者区分の「癈疾」に該

当するとされています。(45)

当時の通念では「鰥」「寡」「独」と「老疾」が一人身のシニア世代に該当し、そのケアは近親が対応、近親がいないときは「坊里」が対応するとの規定です。坊里とは戸令で定められている地域区分の方法で、地方では「里」（五十戸で形成）、都の京では「坊」が地域行政の単位とされました。(46)つまり近親がいない場合は地域でケアしていくわけです。なお二重規定にならないように、一人身であっても八十歳以上の者と「篤疾」の者については、先に挙げた侍給付の令が適用されるので例外とされています。

こうしてみると、律令制度（養老令）におけるケアを必要とする高齢者への規定としては、まず子孫や近親がケアを行うべきとし、身内がいない場合は外部の人間を採用したり、地域の中で対応したりという順序付けがされていたと考えられます。

もっとも先述の侍丁給付も含めて、こうした政策が当時どの程度の有効性を持ったのかは不明な部分が多く、また制度自体も隋唐（現在の中国）からの受け売りではありましたが、古代においてすでに高齢者に対する福祉制度があったわけです。

ケアをすれば功徳《くどく》を積める

律令制度では八十歳以上の高齢者、鰥寡、独、老疾＝六十六歳以上の要介護者等について、家族・身内の介護が望めないときは、外部から「侍」を採用する、地域で面倒みてもらう、などの規定が定められていました。

しかし知られている通り、律令制度は貴族の私有地拡大の影響もあって衰退し、十世紀半ば頃には事実上機能不全に陥ったといわれています。また律令制度が実施されていたとされる時期でも、偽籍の登録やら税・兵役逃れのための浮浪・逃亡やらも相次いでいたようで、律令で定められているような高齢者福祉を受けられない人も多数いたと考えられます。つまり制度として定められてはいたものの、実効性には疑わしい面も多く、しかも早々に効力が失われていったわけです。

公的な仕組みによるケアや支援が受けられない場合、困るのはやはり身寄りがない高齢者です。そうした中で当時、富農や領主層がその財力を用いて、貧しい高齢者を扶養するケースもあったと推測できる説話が、『日本霊異記《りょういき》』にあるのでご紹介しましょう。

日本に現存する最古の仏教説話集として知られる『日本霊異記』は、九世紀初め頃に編纂されました。その中巻にある「布施せぬと放生するとに依りて、現に善悪の報《むくい》を得し縁」という物語には、聖武天皇の御代、讃岐の国に「綾の君」という裕福な家があり、その隣に住んでいた極貧のお爺さん、お婆さんを養うという内容が含まれています。お爺さんとお婆さんは子も孫もなく、非常に貧乏で自力での生活が難しい状態でした。二人は裕福な「綾の君」に食べ物を分けてもらおうと、毎日家の前に顔を見せるようになります。その様子を見た「綾の君の女主人」が「気の毒なので召使の数に入れましょう」といい、それに対して夫である「綾の君の主人」は次のように述べます。

「「飯《いひ》を操《と》りて養はむには、今より已後《のち》、各自らの分《わき》を欠きて、彼《そ》の耆《おきな》嫗《オウナ》に施せ。功徳の中、自身《みづから》の宍《ししむら》を割きて、他《ひと》に施して命を救ふは、最上《いとすぐ》れたる行《わざ》なり。今我が作《な》す所は、彼《そ》の功徳に称《かな》はむ」といふ」

(「飯を与えて養うのなら、今日より以後、各自の分け前を削ってその翁・婆に与えるがよい。功徳の中で、自分自身の肉を割いて、他人に施し、命を救うのをすぐれた行いとしている。今、わたしがしようとすることはその功徳と一致しよう」と言った[47])

「綾の君の主人」は、自らの食事を削って身内ではないお爺さん・お婆さんを養うことは「功徳」にかなうといっています。ここでいう功徳とは、『日本霊異記』が仏教説話集であることを踏まえると、仏教的な功徳、すなわち現在または将来に良い果報・利益《りやく》を得られるように、善行(祈禱、写経、喜捨など)を積む行為です[48]。つまり「綾の君の主人」は、高齢者を気の毒に思うとか、助けてあげたいと思うより、「善い行いによって、自分の功徳を積める」という考え方をここで表明しています。この説話から、血のつながりのない困窮した高齢者を助けることは「功徳」につながるとの考え方・価値観が存在していたと推測できます。また「綾の君」の家は富裕層であり、一方でお爺さん・お婆さんは極貧状態であるとの設定を踏まえ、貧しい高齢者は「綾の君」のような地域の富豪に救済されないと、生存が難しかったことを示す事例だとの指摘もあります(49)。

ただ『日本霊異記』は現実を記した資料ではなく、珍妙な内容が多い物語集です。この「布施せぬと放生するとに依りて、現に善悪の報を得し縁」の物語は、「綾の君」の「召使」が釣人から「蠣《かき》」を買い取って海に逃がしてやり、その後で薪《まき》拾い中に山で転落死したのですが、助けた蠣のおかげで七日後に現世に戻れたという非現実的な話がメインとなっています。

この「召使」は死んでいる最中に宮殿を見たのですが、そこにいた法師から、これは貧しいお爺さんとお婆さんを助けようとした「綾の君の女主人」が生まれ変わってくる宮殿であるとの説明を受けます。また「召使」は、お爺さんとお婆さんのせいで自分の食事量が減ったために二人を嫌い、「綾の君の主人」にも悪口をいっていたのですが、この罰として、死んでいた七日の間に、飢え乾き口から焔《ほむら》が出る報いを受けています。つまり空想的な話を用いつつ、善悪の行いには必ず報いがあるとの教訓を示しているわけです。

名も知らぬ老僧を介護して家を得る

『方丈記《ほうじょうき》』の著者でもある鴨長明が執筆した仏教説話集『発心集』には、非血縁関係でありながら介護、看取りをした物語が記載されています。

第二巻の「安居院聖《あぐゐひじり》、京中に行く時、隠居の僧に値《あ》ふ事」という物語は、安居院に住んでいる聖が用事により京の町へ出かける場面から始まります。京の大路に面した井戸の傍でみすぼらしい姿の「尼」が安居院聖に「あなたに会いたい人がいる」と急に声をかけてきます。不審に思いながらついていくと、「老僧」がいる小さな家に案内されました。

その老僧は余命いくばくもない状態で、安居院聖に対して「自分が死んだあとに弔いなどをしてくれる人がいないので、〔極楽往生を願っていそうな人であれば、誰でも必ず呼び止めなさい〕と尼に申しつけていた」といいました。さらに、もし願いを聞き入れてくれるなら、この住まいを譲るとも持ちかけたのです。

安居院聖は「さるべきにこそ〔因縁、前世からの約束事〕」といって引き受け、定期的に訪ね続けました。そして尼と一緒に臨終にまで立ち合いました。譲ってもらった家については、ずっと老僧の世話をしてきた尼に譲ります。

安居院聖は尼に対して、老僧がどんな人だったかを尋ねると、尼はこう答えます。

「我も委《くは》しきことはえ知り侍らず。思ひかけぬゆかりにて、つきたてまつりて、年《とし》ころ仕《つかうまつ》りつれど、誰とか申しけん」
（私も詳しいことは存じません。思いがけぬ縁でお付き申し上げて、長年お仕えしましたが、名前も知りません）(50)

要するに尼は、名前も知らない老僧の世話を長年続け、安居院聖と一緒に看取り介護まで行ったわけです。しかしそもそも安居院聖自身が、「極楽往生を願っていそうな人」というだけの理由で家まで案内され、別居という形であれ、老僧の願い通り看取りを手伝ってもいます。尼も安居院聖も、それこそ「さるべきにこそ」としかいえないような不思議な縁（仏縁）により、老僧の終末期の支援、さらに弔いまでしたわけです。

この物語で注目したいのは、話の最後で尼が家を得た箇所です。安居院聖は、老僧が自分に譲るといった小さな家を、世話を付きっ切りでしていた尼に譲ると決めました。尼は老僧の名前も知らない間柄でしたが、介護をしていた縁により、結果として家という大きな財を得られたわけです。物語中では言及されませんが、老僧の世話をして看取りもした尼は、因果応報を説く仏教説話として見れば、善行の報い・見返りを受けたとも読み取れるでしょう。

身寄りのない高齢者の介護・看取りの実情

古代～中世の頃、富める者の家では「下人」という召使を雇っていることが多く、それらの多くは「養子」などの名目で、人身売買によって雇用されていました。(51) 売るのは親で、売られる年齢は労働可能な七歳以上が多かったようです。ただ子が売られるのは、飢饉などによりそのままでは親子ともに死亡するような状況が多く、子の命を助けるために売らざるを得なかったともいわれています。

問題は、こうした他家に雇われた下人が、老いて要介護状態となった場合です。先に触れた「綾の君の女主人」のように情の深い人、あるいは「綾の君の主人」のように「助ければ功徳を積める」などの意識の持ち主であれば、ある程度世話を受けられたとも考えられます。

しかしすべての富裕層がそのような意識を持っていたわけではありません。功徳を得ること・善行などにまったく執心しない主人であれば、下人や召使に厳しく接し、必要な世話が行き届かないこともあったでしょう。そのような場合、心身の容体が軽度の段階であれば、下人・召使同士でケアをし合えます。しかし症状が悪化し、終末期・看取りケアが必要となれば、身寄りのない下人・召使は屋敷に設けられた専用の仮屋、家から遠く離れた葬地、あるいは道端などに運ばれ、臭穢《しゅうえ》《しゅうわい》に染まって死を迎えさせられていたとの指摘があります[52]。

当時は「死穢《しえ》」の思想が一般化していて、人民を死の穢れから遠ざけるために、律令制度では施行細則である「式」において専用の規定がされているほどでした[53]。身内であれば屋内での死も受け入れ、死後に服喪の謹慎生活を一定期間送ることで、死穢の拡散を防げると考えられていたようです。しかしこうした対応はあくまで身内の場合のみであり、身寄りのない下人・召使については、死が近くなると死穢を避けるために早々に隔離され、介護・看取りもなく、悲惨な最期を迎えていたわけです。

中世後期になってくると次第に「家」の成立が一般化していき、家の集団である惣村《そうそん》が形成されていきます。当時、飢饉や領主同士の戦争が相次ぎましたが、そうした中で村民（古老など）の寄合によって運営される惣村は、行政能力を持つ一種の「公」としての役割を果たし、村民と相互扶助的関係が形成されていました[54]。大名・領主は領内の民に課役・軍役を求めましたが、それに対し村として時に従い、時に一揆などの形で対抗したわけです。こうした惣村には身寄りのない独居老人・孤児なども住んでいましたが、先の「綾の君」の物語のように、村内の有力な家が扶養を行うことはあっても、村としての直接扶養は基本的になかったようです[55]。ただ村で生活できることで、犯罪などから身を守りやすくなるという意味での保護は受けられました。

註

（1）青木和夫他校注（一九八九）『新　日本古典文学大系12　続日本紀一』岩波書店、一九九頁。中略は筆者による。
（2）宇治谷孟（一九九二）『続日本紀（上）全現代語訳』講談社学術文庫、一四一頁。
（3）新村（一九九一）、九一頁。
（4）飯沼（一九九〇）、一六六～一六七頁。
（5）馬淵和夫他校注・訳（二〇〇二）『新編　日本古典文学全集38　今昔物語集④』小学館、七六～七八頁。
（6）同右、七八頁。
（7）飯沼（一九九〇）、一六六頁。
（8）馬淵他（二〇〇二）、七七頁。
（9）丹波、槇（二〇〇二）、一二頁。
（10）古田紹欽訳注（二〇〇〇）『栄西　喫茶養生記』講談社学術文庫、二四頁、六三頁。
（11）水原一考定（一九八九）『新定　源平盛衰記　第三巻』新人物往来社、三〇六頁。
（12）酒井一宇訳（二〇〇五）『現代語で読む歴史文学　完訳　源平盛衰記五』勉誠出版、一一〇頁。
（13）酒井シヅ（二〇〇二）『病が語る日本史』講談社、一〇二～一〇三頁。
（14）家永三郎編（一九七六）『新修　日本絵巻物全集7　地獄草紙・餓鬼草紙・病草紙』角川書店。小松茂美編（一九八七）『日本の絵巻7　餓鬼草紙　地獄草紙　病草紙　九相詩絵巻』中央公論社。加須屋誠、山本聡美編（二〇一七）『病草紙』中央公論美術出版を参照。
(15) 小松（一九八七）、八九〜九〇頁。まとめは筆者による。
(16) 家永（一九七六）、六三頁。小松（一九八七）、九一頁。
(17) 家永（一九七六）、六一頁。
(18) 今川文雄訳（一九七七）『訓読　明月記　第一巻』河出書房新社、三四五頁。訳、中略は筆者による。
(19) 新村（一九九一）、七七頁。
(20) 今川文雄訳（一九七七）『訓読　明月記　第二巻』河出書房新社、六四頁、六六頁。
(21) 今川文雄訳（一九七七）『訓読　明月記　第四巻』河出書房新社、三三二頁。
(22) 馬淵他（二〇〇二）、五六七〜五六八頁。
(23) 同右、五六八頁。
(24) 小島（二〇〇一）、二〇六〜二〇七頁。中略は筆者による。
(25) 同右、二〇四〜二〇六頁。
(26) 同右、二〇六頁。
(27) 義江明子（一九八九）「イへの重層性と〝家族〟―万葉集にみる帰属感・親愛感をめぐって―」前近代女性史研究会編『家族と女性の歴史　古代・中世』吉川弘文館、三三〜五三頁。
(28) 同右、四二頁。
(29) 西尾和美（一九九二）「中世の家族と個人」歴史科学協議会編『歴史評論』５０３号、校倉書房、二〜一四頁。
(30) 坂田聡（一九九六）「中世後期の家と村社会」比較家族史学会監修、岩本由輝、大藤修編『家族と地域社会　シリーズ比較家族5』早稲田大学出版部、七二〜七七頁。
(31) 黒田俊雄（一九八三）「中世における個人と『いえ』」『歴史学の再生——中世史を組み直す』校倉書房、一三四〜一三九頁。
(32) 築島裕監修・編（二〇〇一）『古典籍索引叢書　第八巻　東大寺諷誦文稿總索引』汲古書院、九八頁。訳は筆者による。
(33) 田中禎昭（一九九七）「古代老者の『棄』と『養』」歴史科学協議会編『歴史評論』565号、校倉書房、三〜五頁。
(34) 同右、八頁。
(35) 松山郁夫（二〇一一）「古代日本における福祉の考え方—養老令における救済に関する規定を通して—」佐賀大学教育学部編『佐賀大学文化教育学部研究論文集』佐賀大学教育学部、一六(二)、二〇七頁。
(36) 井上光貞監訳、笹山晴生訳（二〇二〇）『日本書紀（下）』中公文庫、四三四頁。
(37) 黒板（一九七五）、九四頁。訳は筆者による。
(38) 松山（二〇一一）、二一二頁。
(39) 黒板（一九七五）、九四頁。訳は筆者による。
(40) 同右、九四頁。訳は筆者による。

(41)　同右、九二〜九三頁。
(42)　田中（一九九七）、二頁。
(43)　黒板（一九七五）、一〇一〜一〇二頁。訳は筆者による。
(44)　国史大辞典編集委員会編（一九八三）『国史大辞典第3巻』吉川弘文館、七八二頁。
(45)　黒板（一九七五）、一〇一〜一〇二頁。
(46)　同右、九一頁。
(47)　中田祝夫校注・訳（一九九五）『新編　日本古典文学全集10　日本霊異記』小学館、一六八頁。
(48)　中村元他編（一九八九）『岩波　仏教辞典　第二版』岩波書店、二五四頁。岩本裕（一九八八）『日本佛教語辞典』平凡社、二二一頁。
(49)　田中（一九九七）、五頁。
(50)　鴨長明著、浅見和彦、伊東玉美訳注（二〇一四）『新版　発心集　上　現代語訳付き』角川文庫、六三頁、二八七頁。
(51)　久留島典子（一九九八）「日本中世の村と扶養・相続」比較家族史学会監修、奥山恭子他編『扶養と相続　シリーズ比較家族第Ⅱ期1』早稲田大学出版部、二八〜三〇頁。
(52)　新村（一九九一）、九七〜九八頁。
(53)　尾留川方孝（二〇〇九）「平安時代における穢れ観念の変容——神祇祭祀からの分離——」日本思想史学会編『日本思想史学』第41号、五六〜七三頁。
(54)　蔵持重裕（一九九六）「村落と家の相互扶助機能」『日本中世村落社会史の研究』校倉書房、二

三三～二六五頁。惣村と家は相互扶助関係ではなく、家の独立性を無くすことで惣村が成立しているとの見方もあります。

(55) 久留島（一九九八）、四三～四五頁。

第五章

古代～中世期の「姥捨て」

親を捨てた人々の物語

前章では、当時の社会において領主に隷属させられていた「下人」など、最下層の人たちの棄老について触れました。領主は自宅の敷地内で死なれると「穢れる」と考え、死の直前の人を葬送地あるいは道端などに放置し、そこで死なせたわけです。

終末期を迎えるのは高齢になってからとは限りません。特に下人のような人たちは栄養状態も良くないので、若いうちから病気・怪我で瀕死の状態になる人も多かったでしょう。たとえ長生きしても、要介護状態となって屋外の筵《むしろ》の上で最期を迎える事態が生じ得ます。亡くなった人の体を自然の中に置き、吹きさらしにする葬送は「風葬」とも呼ばれますが、生きているうちから葬送地に運ばれるとなると、意味が違ってきます。

こうした棄老について考える際、関係のあるテーマとしてイメージしやすいのが、様々な書物に登場する「姥《うば》捨て物語」です。「姥」とは字の通り高齢女性を指し、「姥捨て」とは老親が老い先短い状態となったときに、世話をせず、山などに遺棄する行為です。「姥捨て」は、棄老行為に該当します。

前章で触れた棄老行為は、領主層が血のつながりのない下人・召使などに行うといった内容で、自分の親には行っていません。一方、姥捨て物語に登場するのは、子が親に対して行う棄老行為です。前章でも触れましたが、臨死人であっても身内の人間であれば、家の外に運び出して死を迎えさせるケースはほとんどなく、私宅にて死亡しても、その後行われる身内の服喪による謹慎生活により、死穢《しえ》への対応ができるとの見方がありました。(1)しかし姥捨て物語では、そうした論理を抜きにして、「親の棄老」を意図する子供が登場します。

実は姥捨ての物語は日本各地で昔話として語り継がれており、その話数の合計は千三百八十七話（東北〔奥羽〕二百十四話、関東百四十六話、中部三百十、近畿百六十一、中国二百三十八、四国百二十七、九州百四十四、南島四十七）に上るとの研究結果もあります。(2)そして姥捨て物語にはいくつかパターンがあり、大まかに四つに分類できます。(3)それぞれのパターンについて、当時の代表的な物語集の中から該当する話をご紹介しましょう。なお一つの物語が長いので、原文は省き、現代語訳に直した概略のみ掲載しています。

「運搬用具型」の姥捨て物語

姥捨て物語の類型の一つは、運搬用具が登場するタイプの物語です。ここでは『沙石集』の第三巻に掲載されている物語を取り上げましょう。

中国の漢の時代、「孝孫《こうそん》」と呼ばれる子供がいて、その父が妻の言葉に従い、年老いた親（片親）を山に捨てようとしました。孝孫は諫《いさ》めましたが、父は聞く耳を持ちません。父は親を捨てに行く際、孝孫の兄弟である源谷《げんこく》と元啓《げんけい》に、老親を手輿《たごし》（人を乗せて二人がかりで運ぶ運搬用具）で運ばせました。

山上で老親を下ろし、家に戻ろうとしたとき、父は元啓が手輿を持ち帰ろうとする姿を目にします。手輿は山に置いて行っても問題ないはずでした。

父が「持って帰って何にする」と聞くと、元啓は次のように答えました。

「父の年たけ給ひたらん時、持ちて捨てん為」

（父が年をおとりになった時、持って捨てるためです[4]）

これを聞いた父は、老親を捨てると、将来子供たちが真似して自分も捨てられると思ったので、老親を連れて帰りました。実は子供が「今度はお父さんを捨てるときに使う」といったのは、父を諫めるための計略であり、見事その通りになりました。

このタイプの姥捨て物語は、同行した子供が運搬用具を持ち帰ろうとしたのを見て、「次は自分」と恐れて老親を捨てるのを止める、といった話の流れになっています。「漢の時代」とあるように、もともと日本の物語ではありません。しかし、これをもとに作られたと思われる同様の姥捨て物語が、日本各地で語られています。

日本版だと、運搬用具として手輿の代わりに「もっこ（畚）」が登場する場合が多いです。「もっこ」とは、長い木の棒の真ん中に縄で作った網の袋をぶら下げ、そこに荷物・人を載せ、棒の先端と後端を二人で持って移動する運搬用具です。今ではほとんど使われていませんが、近世以前は重いものを二人がかりで運ぶ際によく使われていました。

「老親の知恵型」の姥捨て物語

二つめの姥捨て物語のタイプは、「老親の知恵型」です。ここでは、『今昔物語集』巻五にある物語をご紹介しましょう。[5]

昔、天竺《てんじく》に、七十歳を超えた高齢者を他国に追い出す慣習を持つ国がありました。その国の大臣の母親がちょうど七十歳を超えたのですが、大臣は不憫《ふびん》に感じ、家の庭に土室《つちむろ》（地下室）を掘って隠し住まわせます。

それから何年か経った後、隣国から姿形の似た牝馬が二頭送られてきて、「この二頭のうち、どちらが親でどちらが子かを判別して、印をつけて送り返しなさい。できなければ軍勢を発して七日以内に攻め滅ぼす」といってきました。これに対し国王は、例の大臣を呼んで知恵を求めたのですが、その場では思いつかず、いったん家に帰ります。土室にいる母親に相談したところ、「二頭の間に草を置きなさい。真っ先に食べるのが子馬、あとからゆっくり食べるのが親馬だよ」と話しました。いわれた通りにすると、見事に子と親を判別でき、国は危機を脱しました。

その後、隣国から両端が同じように削られた漆塗りの木が送られてきて、「両端のどちらが根本で、どちらが梢《こずえ》かを答えよ」と難問を持ちかけられました。前回同様、正解を出せなかったら、攻め滅ぼすとの条件付きです。大臣が再び母親に相談すると、「水に浮かべて、少し沈む方が根本だよ」と教え、難問への解答に成功します。

さらに今度は、隣国から象が送られてきて、「この象の重さを量って教えなさい（さもないと滅ぼす）」といってきました。また母親に相談したところ、「象を船に乗せて水に浮かばせ、船端の水際にしるしをつけなさい。それから象を下ろし、しるしをつけた場所まで沈むように石を積みなさい。そして今度は積んだ石の重さを一つ一つ量り、合計すれば良いのです」と教えてくれました。今回も難問に解答できたのです。

隣国の王は次々と難問に答える様子を見て、「あの国は賢者がいるから討ち滅ぼせない」と判断し、挑戦的な態度をやめて友好国として振る舞うようになりました。国王は大臣を呼び、難問に応えた功を褒めようとしましたが、大臣は涙ながらに「我が国は高齢者を追い出す掟を定めています。私の母は七十歳から八歳を超えましたが、それができないでおります。難問に対しては、老いている分、見聞が広い母に相談し、その言葉通りに行いました」と答えました。国王はこれを聞き、次のように答えます。

「何《いか》ナル事に依《より》て、昔《むか》シヨリ此ノ国ニ老人ヲ捨ツル事有リケム。……老《おい》タルヲ可貴《たふとぶべ》キニコソ有ケレ[6]」
（いかなるわけがあってこの国では昔から老人を捨てることにしたのか。……老人は尊ぶべきものであるということが今はじめてわかった[7]）

国王は高齢者は尊ぶべきと思い直して掟を廃止し、これまで追いやった高齢者を戻すようお触れを出します。その上で「老いを捨てる国」としていた国名を「老いを養う国」と改め、国民全員が平和に暮らせるようになりました。

この姥捨て物語のタイプでは、国王・領主が棄老の制度を設けているので、老親を捨てなければならない事態が到来します。しかし高齢者の知恵のおかげで隣国からの無理難題に対応でき、その後は養老に力を注ぐようになった、といった話の流れとなっています。こちらも日本ではなく「天竺」を舞台とした物語で、仏教の経典である『雑宝蔵経《ぞうほうぞうきょう》』にも書かれていました。日本発祥ではないものの、内容に改良が加えられた民話が日本各地で語り継がれています。

「老親福運型」の姥捨て物語

三つ目のタイプは、息子の妻が老親（義母）を捨てるようにそそのかし、息子がその言葉に従って捨てにいくものの、結末としては老親が幸せになる内容です。平安時代の中頃までに作成された『大和物語』の第百五十六段に、信濃《しなの》の国（現在の長野県）を舞台とした「姥捨山」の物語があります。このタイプの代表例として、概要を以下にご紹介しましょう。(8)

信濃国の更級《さらしな》に、幼い頃両親を亡くし伯母と暮らす男がいました。男が結婚するとその妻が高齢の伯母を嫌い、「山に捨ててしまおう」とけしかけます。男は困ったものの妻にのせられて、伯母に「お寺で法会があるので、見せてあげましょう」といって背負い、家から連れ出しました。

もともと高い山のふもとに住んでいたので、そのまま山に入り、一人では下りて来られないような高い場所に伯母を置き捨て、家へ逃げるように帰りました。しかし家に帰ってから後悔し、次のような歌を詠みます。

「わが心　なぐさめかねつ　更級や　をば捨て山に　照る月を見て」
（自分の気持ちをなぐさめ、まぎらわすことはどうしてもできない。たった今伯母を捨て置いてきた更級の山に照る月を見ると）(9)

男はこの歌を詠んだ後、伯母を迎えに山へ行き、家に連れて帰ります。それ以降、この山を姨捨山《おばすてやま》と呼ぶようになりました。

この物語では育ての親として「伯母」が登場します。当時は母も含めて尊敬すべき婦人は「ウバ」と呼ばれていたともいわれていますが(10)、老親同様の存在と見なして良いでしょう。この「伯母」を、「男」は「妻」にいわれるまま捨てに行きます。しかし「伯母」を忌み嫌っているのは「妻」であり、「男」はいいくるめられただけで、もともと嫌う理由もありませんでした。「男」は一人になって考えた結果、「伯母」の置き捨てを後悔し、連れ戻す決意をしたわけです。

作中に登場する「わが心なぐさめかねつ……」の和歌は、『古今和歌集』に「題しらず・詠み人知らず」として掲載されている歌です。そのため『大和物語』に登場する「姥捨山」の物語は、『古今和歌集』の中にある「をば捨て山」の言葉から、創作されたのではないかとの指摘もあります。(11)

「老親福運型」の姥捨て物語では、妻にけしかけられて男が老母を山に捨てるものの後悔して連れ戻し、最後に老母は幸福になる展開が基本ですが、老親が山から連れ戻された後に悪い妻が罰せられるパターンや、老母が山の神から打ち出の小づちをもらって山中で幸福になるパターンなど、アレンジされた物語もあります。

「枝折り型」の姥捨て物語

四つめの姥捨て物語の類型は、「枝折り型」です。(12)ここでは中世期の作品である『曽我《そが》物語《ものがたり》』の中に登場する物語をご紹介しましょう。

『曽我物語』は鎌倉時代を舞台とした曽我兄弟による仇討ちの物語です。作中で主人公の一人である「曽我十郎祐成《じゆうろうすけなり》」が、富士山に「枝折山《しをりやま》」との異名がある理由として、次のような説明を行っています。

古来我が国は神国であり、人々はものごとに対して「忌む」ことを嫌う傾向があったので、父子・兄弟姉妹・眷属に関係なく、高齢になって最期が近くなった者は生きながら野原に捨てられていました。かつて駿河国《するがのくに》（現在の静岡県）富士郡に夫婦が住み、高齢の姑を養っていたのですが、姑に最期が近づいたとき、慣例に従って山に捨てようと考えます。息子は姑に対して「今度この山に仙人たちがやって来て、歌・舞楽を演奏してくれるのですが、聞きに来た人に不老不死の薬をくれるそうです。いっしょに行きましょう」とウソをつき、家から連れ出しました。

その後二人で歩いているうちに、姑はずいぶんと山奥まで来てしまったと思い、この山中で死ぬのだと考えます。せめて息子だけでも道に迷わずに無事帰ってほしいと、来た道がわかるように枝を折っていきました。

姑は山神に祈願し、密かに次の歌を詠みます。

「奥山に　しをる枝折《しをり》は　誰《た》がためぞ　我が身を分けて　生める子のため」
（奥山での枝折は誰のためであろうか。自分の身を分けて生んだ子のためである）(13)

その後、息子が姑を捨て置いて帰ろうとすると、大地が割れ息子が地の底に落とされそうになります。そのとき、姑が息子の手を取って引き上げました。また姑が祈願して詠んだ先ほどの歌によって山神が憐れみの心を持ったこともあり、息子は命拾いします。息子は姑に助けられたため、捨てようとした行為を悔い、家まで連れて帰りました。

このタイプの姥捨て物語では、山中に置き去りにされようとしている老親が、息子のために帰り道の目印にすべく枝を折っていく、との内容が含まれています。『曽我物語』では、息子が親を捨てたまま山を下りようとして、神の怒りにより地の底に落とされそうになりますが（完全に空想の物語ですが）、他の「枝折り型」の物語では、捨てようとした親が自分のために枝を折っていると知り、感動して連れて帰る、といった展開のものもあります。

救われる老親と棄老の実情

主に四つのタイプに分かれる姥捨て物語ですが、民話の形で現在に伝わるものには、一つの物語の中に複数のタイプが混在しているケースも多いです。ただ共通しているのは、基本的にどの物語も結果として老親が救われていたり、幸福になったりしている点です。

「姥捨て物語」と聞くとひどい結末も予想されますが、実際のところ作中で老親がひどい亡くなり方をしているわけではありません[14]。そのため「姥捨て」といった印象的な言葉はあくまで注意を引き寄せるためで、実際には孝行の大切さを薦める話として語り継がれているとの指摘があります[15]。

しかも姥捨て物語の四類型のうち、「運搬用具型」と「老親の知恵型」は起源が日本外です。つまり姥捨ての物語は、名前の強烈さとは裏腹に、中世期以前の日本に老親の棄老が事実・慣行として存在したことを示す直接的な根拠・史料にはならないといえます。

しかし姥捨て物語が棄老の事実を示していないとしても、実際のところ棄老行為はなかったとはいえません。先述の通り、「家」の無い貧しい高齢者の場合、道端で倒れるとそのまま息を引き取り、野犬やカラスに遺体を食べられる運命にありました。また領主層の下人・召使として隷属的な人生を送ってきた高齢者の多くは、穢れを避けるために、死が近づいたときは主家から追い出されました[16]。

また先に紹介した『今昔物語集』の巻三十一にある「尾張守於鳥部野出人語《をはりのかみとりべのにしてひとをいだすこと》」の物語は、誰の世話も受けられなくなった「女」が自ら葬地に赴き、横になって死を待つといった痛ましい内容でした。実際に誰かに捨てられたわけではありませんが、終末期のケアを身内から受けられなかったためにそのような行動に出たと考えると、間接的な「棄」との解釈もできるでしょう。
　また間接的な「棄」との関連でいえば、古代期においては老い＝穢れ・罪と考える思想ゆえに、「郷《さと》（村）」の外部にある無主の地へ高齢者が転居する慣行があったとの指摘もあります。[17]実際『万葉集《まんようしゅう》』などには、「郷」から離れた山中、山田に暮らす高齢者が登場する歌もあり、その他古代期の書物には流浪の老者が度々登場します。ある程度の年齢を重ねた高齢者は自ら人里から離れた場所に行き、狩猟や「山田守り」などをしつつ、若い世代と別離した暮らしを送る風習もあったわけです。[18]
　もっともこの場合、まだ元気な高齢者が「穢れ・罪」を無くすべく無主の地に移動した後、そこで引き続き農耕や採集、狩りなどをして暮らしたようなので、直接的に捨てられたわけではありません。春時祭田（春のお祭り）のときには、「郷」の若者が離れて暮らす高齢者を招き、酒や食事でもてなしていたともいわれています。[19]しかし余生を「郷」から離れて暮らすわけですから、当時の慣行による間接的な「棄」とはいえそうです。
　こうしてみると、姥捨て物語に登場する老親は、捨てられそうにはなるものの最終的に子に救われて家に戻っているケースも多く、まだ恵まれている方といえます。

当時の人々が介護をした理由とは ①愛情や感謝――「情」の論理――

先述の通り、姥捨て物語は棄老の事実を伝えるのではなく、「老親を大切にしましょう」という教訓・メッセージを伝える性格を強く持っていたとも考えられます。では古代〜中世期の人々が高齢者のケアや看取りをきちんと行いたいと考えるとき、そこにどのような価値観・思考の論理が働いていたと考えられるでしょうか。これまで取り上げた文献や当時の思想的な状況をもとに、まとめ的に分析してみましょう。

介護の動機を考える場合、現代を生きる我々にもイメージしやすい考え方として、「情の論理」が挙げられます。情の論理とは、介護する側の愛情・感情、自発性に基づいて介護を行おうとする心性を意味します。例えば「愛する親の世話をきちんとしてあげたい」「子供の頃に面倒を見てもらったので、今度は自分が親をケアしたい」などの心情により、介護をしようと考えるのが典型例です。

こうした愛情・感情に基づく介護は「介護をしてあげたい」と自ら志向する点に特徴があり、現代の介護論においては、「子供は親の介護をすべきである」とする規範的な介護の対極に位置するケアのあり方とされています。[20]「情」は人間が持つ自然な感情の発露といえるため、現代人のみならず、古代〜中世期の人も当然ながら保持していた心性と考えられます。

この情の論理の作用が強く感じられる例としては、「老親福運型」の姥捨て物語の一例として取り上げた、『大和物語』第百五十六段の内容が挙げられるでしょう。この話は先述の通り、更級に住む男の妻が高齢であった男の伯母を嫌って遺棄するように勧め、男は捨てに行くものの、後悔して家に連れ戻す物語です。このとき男の妻は、伯母に対して愛情を感じておらず、それゆえに捨てるように男（夫）に勧めていました。つまり、この妻には伯母の介護に向かわせる情の論理が全く働いていない状況だったといえます。

一方、男はもともと伯母を嫌っていたわけではなく、妻にそそのかされて棄老行為に走っただけです。結果として、山に伯母を置き去りにしてから「後悔」「悲しみ」といった感情が強く生じたため、家に連れ戻しましたが、このとき男には、伯母への愛おしさに基づく情の論理が作用していたと考えられます（物語の前半には作用していませんでしたが）。情の論理のもとでは、介護をしたいと思うかどうかは状況・人間関係のありようによって変わり、さらに同じ人物であっても、後悔や悲しみなどの強い感情をきっかけとして、急に「ケアをしてあげたい」との心情を持つようになる場合もあるわけです。

こうした情の論理は、非血縁者に対するケアにも働く場合があります。先に見た『日本霊異記《りょういき》』に登場する「綾の君」の物語では、貧乏な近所のお爺さん・お婆さんに対し、「女主人」が夫である「主人」に対して、「気の毒ですから、召使の数に入れましょう」と提案していました。召使の数に入れるとは、看取りまできちんと行うかどうかは別として、少なくとも食事を提供し、世話することを意味します。こうした領主・富農層の貧しい高齢者に対する哀れみの感情が、同じ地域に住む高齢者を救済する側面もあったのではと思わせられる内容です。

②中国からの影響――「儒」の論理――

当時の高齢者ケアに影響を与えた論理として、「儒の論理」も挙げられます。古代期に成立した律令制度は、日本初の法体系として当初はそれなりに強い影響力を持っており、その内容は、中国で形成された儒学の影響を多分に受けていました。つまり律令制度の施行自体が、儒の思想を日本人に広める機能も果たしていたともいえます。

そもそも儒とは中国の孔子を元祖とする学派を指し、高齢者介護との関連でいえば、親を敬って大切にすべきとする「孝」と、若い世代は目上の人・年上の人に従順になるべきとする「悌《てい》」の考え方が大きく関わります。現代の日本人も「親孝行」などの言葉で自然に使っている「孝」ですが、もともとは儒における概念です。儒の概念は規範的な性格を強く持ち、その理解には人々への教化のプロセスが必要です。この点は人間が自然に抱く愛情・感情を発露とする情の論理とは大きく異なります。

儒で重視される孝悌とはどのような概念なのか、儒の大本である孔子の『論語』から少しご紹介しましょう。学而《がくじ》篇《へん》（書き下し文）では次のように述べられています。

「有子《ゆうし》が曰《い》わく、其《そ》の人と為りや、孝弟にして上《かみ》を犯すことを好む者は鮮《すく》なし。……君子は本《もと》を務《つと》む。本立ちて道生ず。孝弟なる者は其れ仁の本たるか」
（有子がいった、「その人がらが孝行悌順でありながら、目上にさからうことを好むようなものは、ほとんど無い。……君子は根本のことに努力する、根本が定まってはじめて〔進むべき〕道もはっきりする。孝と悌ということこそ、仁徳の根本であろう」[21]）

「有子」とは孔子の門人で、学徒の先生を務めていた人です。君子とは有徳者・人格者を指します。ここで注目したいのは、最後に孝と悌こそ「仁」の根本であろうと述べている点です。「仁」とは孔子が最も重要と考えていた徳目で、人に対する愛情、まごころの徳を意味します。最重要概念の「仁」の根本が「孝」と「悌」であると位置づけているので、孝悌は孔子の思想の中心的な概念であるといえるでしょう。

さらに別の箇所では、孝悌について次のように記されています。

「子の曰わく、弟子《ていし》、入りては則ち孝、出でては則ち弟、慎しみて信あり、汎《ひろ》く衆を愛して仁に親しみ、行ないて余力あれば、則ち以て文を学ぶ」
（先生がいわれた、「若ものよ。家庭では孝行、外では悌順、慎《つつ》しんで誠実にしたうえ、だれでもひろく愛して仁の人に親しめ。そのように実行してなお余裕があれば、そこで書物を学ぶことだ(22)」）

孔子が若者に対して、家庭では孝行を行い、外に出たときは年長者に仕えるように教えています。ここでは孝行悌順が、書物（詩経、書経など）を通しての勉強以前に身に付けるべき徳目として位置づけられており、ここからも孔子がいかに孝悌を重視していたかが読み取れるでしょう。

こうした孝悌を大事にする儒の教えは、仏教の伝来（五三八年または五五二年）よりも早かったと考えられています。『日本書紀』には継体天皇の御代である五一三年（継体天皇七年）に、百済《くだら》から五経博士（五経とは儒教の経典である詩・書・礼・易・春秋）が渡日したとあり(23)、その頃から本格的に儒教が伝わったと考えられます。また『古事記』にはそれ以前の応神天皇の御代に、百済から和迩吉師《わにきし》（王仁《わに》とも呼ばれる）が書としての『論語』を伝えたとの伝承もあり(24)、記紀を踏まえると、おおむね六世紀初め頃までに日本人は孔子の教えに触れていたといえるでしょう。

そして儒教の「孝悌」の思想が日本社会・一般人の間に広まる上で、先述の通り古代末期から制定が進められた律令制度が大きく影響しました。

日本の律令制度は、儒の大元である中国の隋・唐で定められていた制度を参考にしたものので、その内容には儒の思想が多分に組み込まれています。また律令制度のもとでは官僚養成機関である「大学寮」も作られましたが、そこでは『論語』をはじめ、『春秋左氏伝』や『孝経』など儒のテキストが多く用いられていました。制度を担う役人自身が、儒の薫《くん》陶《とう》を多分に受けていたわけです。

儒の教えには、仁や孝悌さらに忠といった、人々の価値観から秩序意識を形成する思想が詰め込まれていて、中国では国を統治する上で、近代期に至るまで強い影響力を持ちました。隋・唐の律令制度においても同様で、儒の基本的な考え方が存分に盛り込まれています。中でも孝悌の概念は、法の重要な構成要素として位置づけられ、その考え方が具体的な法制度の中に落とし込まれています。それが日本でも施行されたわけです。

例えば「儀制令春時祭田条」の令義解《りようのぎげ》には、次のような記載があります。

「謂。郷飲酒之礼。六十者坐。五十者立侍。所以明尊長也。六十者三豆。七十者四豆。八十者五豆。九十者六豆。所以明養老也」

（郷における飲酒の礼。六十歳の者は座り、五十歳は立って飲む。これにより尊長の意を示す。また、六十歳の者は三豆、七十歳の者は四豆、八十歳の者は五豆、九十歳の者は六豆とする。これにより養老の意を示す）[26]

春時祭田とは豊作を祈るお祭りを意味し、ここに記されているのは、お酒の飲み方についての規定です。お酒を飲むとき、六十歳になると座って飲んでも良いのに対して、五十歳の人は立って飲むように定めています。また文中の「豆《とう》」とは食器の高坏《たかつき》を意味すると考えられ、ここでは六十〜九十歳まで十歳ごとに、豆の数を一つ増やすよう規定していきます。年長の高齢者ほどたくさん食べられるわけです。

規定の細かさには驚かされますが、年長の人を敬うべしとする「悌」の思想をここから読み取れるでしょう。そしてこのような決まりは、悌の価値観を人々に広める上で、一定の影響力を持ったと考えられます。

ここで注目したいのは、先述の通り、この頃は高齢者が「郷（村）」から離れて暮らす風習もあったと考えられる点です。そのため春時祭田は、「郷」の内に住む者（サト内）と外に住む者（サト外）の交歓を実現する場としても機能していたとの指摘があります。[27]

高齢者が「郷」を離れる風習は穢れの思想に基づくもので、もともと日本にあったものです。一方、儒の影響を受けている律令制度は、当時の中国から輸入されたものです。当時の庶民層は孝悌を重視する律令制度に従う必要がありますが、それは死に近い「老」を穢れ・罪ともみなす風習とは大きく異なります。地域・環境にもよりますが、風習と律令との間に折り合いをつけることも必要になってくるわけです。この意味からも、古代期の庶民に儒の考え方を普及させる上で、律令制度のインパクトはそれなりにあったと考えられます。

さらに「戸令国守巡行条」には、次のような規定があります。

「凡国守毎年一巡行属郡。観風俗。問百年。録囚徒。理冤枉。詳察政刑得失。知百姓所患苦。敦喩五教。勧務農功。部内有好學。篤道。孝悌。忠信。清白。異行。發聞於郷閭者。挙而進之。有不孝悌。悖禮。亂常。不率法令者。糺而縄之」

（国守は年に一回、属郡を巡行する。風俗を観て、老人に問い、囚徒を記録し、冤罪を正し、政治・刑罰の得失を詳細に調べ、百姓の苦労を知り、五教を諭し、農業を勧め務めさせるようにする。部内に、好学、篤道、孝悌、忠信、清白、異行により、郷閭《きょうりょ》で評判の高い人がいれば推挙すること。不孝悌で、礼を乱し、常を乱し、法令に従わない者がいれば、問いただして捕まえること）(28)

国守の巡行（見回り）に関する規定ですが、注目したいのは、国守が人々に五教を諭す、孝悌などの徳目で評判の者を推挙する、との箇所です。ここでの五教とは儒教において人が守るべき教えを意味し、儒学者である孟子《もうし》の「君臣の義、父子の親、夫婦の別、長幼の序、朋友の信」[29]、『春秋左氏伝』[30]の「父義、母慈、兄友、弟恭、子孝」などが該当すると考えられます。さらに郷で評判の者がいれば推挙せよともあり、その条件として「孝悌」や「忠信」など儒の徳目を実践している者が含まれています。一方で「不孝悌で、礼を乱し」といった振る舞いをする者は捕まえよとの規定もあり、儒・孝悌はただの心がけなどではなく、人々が厳として守るべき行動規範として位置づけられたわけです。

こうした制度は、当時の日本社会に儒の価値観を広めるのに一役買ったでしょう。国守の「守」とは国の長官職を意味し、他にも当時の役所（国衙《こくが》）には「介《すけ》」や「掾《じょう》」、「目《さかん》」といった人たちも働いていましたが、これらの官吏はひっくるめて「国司」といいます。この国司が、いわば儒教的な民衆教化を各地で行っていたわけです[31]。

そして高齢者介護の視点で律令制度を見たときに特筆すべきなのが、前章でご紹介した「戸令給侍条」の給侍（ヘルパー）制度です。この制度は「八十歳以上及び篤疾《とくしち》の者には、侍を一人給付する。九十歳以上だと二人。百歳だと五人。それらは皆、子孫を優先的にあてがう」との内容でした。年長になるほど給侍の数が増えていく点については、加齢が進むほど介護の負担が増えるからとも思えますが、より年長の者を敬い大切にすべきとする「悌」の考え方も見て取れます。また子孫を優先的にあてがう点には、子孫は親・先祖を敬い大切にするべきとする「孝」の考え方が見て取れるでしょう。制度の内実を踏まえると、律令制度の給侍制度は儒の論理の下で成り立っていたともいえます。

このように儒の思想を制度として実践させ、その価値観を社会に普及させる機能を持った古代〜中世初期の律令体制ですが、先述の通り早々に瓦解してしまいました。国守・国司により儒の徳目が広められる、あるいは年長者ほど人数を増やす給侍制度が適用されるといった点も、それに伴い失われていったと推測されます。

それでも当時の一般市民層は貴族層などと違い、書物に触れる機会も乏しいので（当時は識字率も低い）、制度を通して儒の思想を人々に体得させ、その価値観を一定程度社会に広める効果を持ったといえます。儒の孝悌の概念が普及すれば、「孝行のため、親の介護をしなければ」「親を見捨てるのは親不孝だ」といった価値観を人々が持つようになり、老親ケアへ向かわせる心性を生じさせます。

一方、儒教とは別に、当時高齢者ケアに向かわせる価値観形成の面で大きな影響を与えた「教」として、仏教があります。次は仏教との関わりの面から、当時の高齢者ケアについてひも解いてみましょう。

③仏教からの影響――「仏《ぶつ》」の論理――

仏教が正式に日本に伝わったとされるのは、諸説ありますがおおむね六世紀半ばごろと考えられています。ただ日本にもそれ以前から信仰対象とすべき神々がいましたから、すんなりと仏教が受け入れられたわけではなかったようです。

古代国家では崇仏派と排仏派が豪族間の権力争いも相まって激しく衝突し、最終的に崇仏派の蘇我馬子《そがのうまこ》が排仏派の物部守屋《もののべのもりや》を打ち破って権勢の座についたので、国策としての仏教普及が始まりました。その後、全国で寺院が建立されましたが、古代の頃に国策として保護・統制していた仏教は、もっぱら「鎮護国家」の役割が念頭に置かれたものです。

その後、律令制度が瓦解して国の統制力が変質していく中、仏教でも易行化（誰でも容易に修行できるようになる）が進んだり、一般の人も参加できる法会が行われたりするなどの変化が生じ、庶民層への教導にも力を入れるようになっていきました。日本に伝わった仏教は本来が大乗仏教的、すなわち権力者層から民衆まで広く救済するものでしたが、十世紀末～十一世紀初め以降になると、それがより顕著に現れるようになったわけです。(32)

そんな仏教ですが、前節までに見てきた中世期の高齢者介護関連の史料（物語）をみると、仏教の考え方に影響を受けているものが散見されました。

例えば仏教説話集『日本霊異記』の「綾の君」の物語では、綾の君の男主人の側が、貧しいお爺さん・お婆さんの扶養をしようとする際に「功徳《くどく》の中でも、自分自身の肉を割いて他人に施し、命を救うのはすぐれた行いである。今わたしが行おうとしているのは、まさにその功徳であろう」と述べています。男主人は仏教的な功徳を得るために、救済を決めたわけです。

現代の日本人にとっても仏教は馴染みのある宗教です。もし寄付・喜捨などをした場合、「これで極楽に行けるんじゃないか」と期待する人も多いのではないでしょうか。現代人の場合、見返りを期待して身内でもない高齢者の扶養まで考える人は少ないでしょうが、中世期は、現代よりも仏教が人々の思考様式に大きな影響を与えていた時代です。「綾の君」の物語は、貧しい高齢者に対する扶養・救済により、仏教的功徳を得られると信じる心性が当時あったことを示唆する内容ともいえます。

さらに仏の論理ならではの高齢者ケアのあり方として「縁」もみられました。『方丈《ほうじょう》記《き》』の安居院聖《あぐいひじり》と老僧の物語では、たまたま通りかかった道で尼に呼び止められて、この庵を差し上げるから看取り・弔いをしてほしいと頼まれ、安居院聖は前世からの因縁であるとして納得し引き受けました。

この安居院聖の思考形式には、仏のお導き・「縁」に従おうとする考え方があり、それゆえに老僧の看取りに関わる決断をしたといえます。この考え方も現代人にはやや分かりにくい面があるでしょう。恐らく当時であっても一般人には納得しづらく、仏僧だからこそ成立した面もあると思われます。しかしこれも、当時の書物から読み取れるケアに向かう心性のあり方といえます。

また高齢者介護においては、子が親をケアする際に「孝」の概念と密接な関わりを持ちますが、当時は「仏教的な孝」の考え方も広まっていたと考えられます。これまでも触れてきた通り、「孝」はあくまで儒教の概念であり、もともと仏教とは関わりがありません。仏教では出家《しゆつけ》すると世俗での生活を捨て、家族・親からも離れて暮らします。その場合、親孝行の実践は困難にならざるを得ません。出家を伴う以上、原則的に仏教は儒教と相いれない部分があるわけです。

しかしその辺は仏教の側が、原理原則にとらわれない柔軟な対応をしたようです。実は儒の大元である中国においても、仏教が入ってきた際、すでに普及していた儒の重要概念である「孝」とどう折り合いをつけるかが仏教徒内で問題となりました。折り合いをつけないと、布教活動が難しかったからです。その際、仏教の側が「孝」の考え方を取り入れ、「親孝行＝仏の教えにとっても良い」との価値観を打ち出すことで、権力とも密着していた儒学の内容と反目しないようにしたといわれています[33]。そのように儒・孝を肯定的に受け入れた仏教が、百済経由で日本にも伝来されたわけです。

このように仏教に取り込まれた孝概念ですが、仏教においては儒教と少し違う面があります。もし「孝」を行わないときは、仏教でいう「地獄に落ちる」としている点です。

仏教説話集である『日本霊異記』の「凶人《あしきひと》の嬭房《チブサ》の母を敬養《きやうよう》せずして、以《もつ》て現に悪死の報《むくい》を得し縁」の物語には、次のような内容が含まれています。

「所以《そゑ》に経に云《のたま》はく、「不孝の衆生は、必ず地獄に堕ちむ。父母に孝養あれば、浄土に往生せむ」とのたまへり。是れ、如来の説きたまふ所の、大乗の誠の真《みこと》なり」

（あるお経にも、「親不孝の者たちはかならず地獄に落ちる。父母に孝養を尽くす人は、かならず浄土に往生しよう」と述べておられる。これはまさしく釈迦如来の説かれているところであり、大乗仏教における真のおことばなのである[34]）

ここからは親不孝者は地獄に行き、親孝行をすれば浄土・極楽に行ける報いがある、との考え方が読み取れます。孔子の『論語』で「孝」は重視されましたが、当然ながらその中では、地獄や浄土・極楽のような概念は持ち出されていません。仏教は、儒教の孝概念を仏教的な世界観（仏罰・仏恩）の中に取り込み、位置づけたのです。

ただ、儒教の「孝」概念が行政制度とも結びついたのに対して、仏教的な「孝」概念にはそのような現実世界とのつながりはありません。先に見た律令制度は儒教を取り入れ、「孝」をするものは推挙し、「不孝」をするなど秩序を乱すものは捕えるべしといった規定がありました。こうした現実的・現世的な制度に仏教的な「孝」は関わらず、あくまで観念的・非現世的な世界とのみ関わっています。この意味においては、「儒の論理における孝＝賞罰など現世的な報い」「仏の論理における孝＝地獄や極楽など非現世的な報い」とも区別でき、ある意味補完的な性質を持つ孝概念をそれぞれ広めていったともいえます。「孝」は子に対して親のケアへと向かわせる概念なので、儒・仏が当時の高齢者介護の思想に与えた影響は大きかったといえるでしょう。仏教的な「孝」の価値観に基づいて、「親の介護をしない不孝者は、地獄に落ちるぞ」などといわれると、「やっぱり介護をしないとなあ」と思ってしまうわけです。

④ギブアンドテイク――「互酬」の論理――

情の論理、儒の論理、仏の論理と高齢者ケアに向かわせる価値観について見てきましたが、最後に挙げたいのが「互酬の論理」です。これはいわば「ギブアンドテイク」の論理で、ケアを行う人に対して、受ける側が労力への返礼として何らかの報酬・贈り物を与える考え方です。この論理では、ケア行為に対する報酬という利得を得られるケアをする側、ケアを受けて生活の質が改善するという利得を得られるケアを受ける側の二つの立場が登場します。

互酬の論理の事例としては、鎌倉時代の武士のケースが挙げられるでしょう。当時の武士は、家長権と所領の財産処分権を死ぬまで持ち続けていて、我が子に対して所領を相続させる意思を記した「譲り状」を発行した（幕府に届け出た）後でも、「やっぱりこの土地は別の子に相続させる」と変更できました。つまり子の側（とくに財産の「譲り状」を受けた子）は、親の気が変わらないように孝養を尽くさざるを得ない状況にあったといえます。

そのため子供には、自分へのスムーズな遺産相続を視野に入れて、ケアをする心性が生じていたわけです。親の側からすれば、子に対して「財産を他の兄弟に取られたくないなら、孝養を尽くしなさい」との心性も働くでしょう。

一方、仏の論理における仏縁の箇所でも取り上げた安居院聖と老僧の物語も、互酬の論理が垣間見られました。既にご紹介した通り、この物語の中で安居院聖は、「さるべきにこそ（因縁であろう）」と思い、老僧の看取りと没後の供養を引き受けました。しかしお願いする老僧の側は、因縁だけを頼みとして看取り・弔いをしてくれる人を探していたわけではありません。老僧は安居院聖に看取り・弔いを頼むにあたって「この庵を差し上げるから」との提案をしています。「私の財産（土地・建物）をあげるから、お世話をしてほしい」といった、極めて世俗的・現実的な取引を持ちかけているわけです。

また安居院聖は老僧が亡くなったあと、本来自分が貰うべき庵を、老僧に仕えていた尼に譲りました。このときの安居院聖の考え方としては、「長年苦労して老僧のお世話をしていたのだから、庵は尼が受け取るべきだろう」との心性が働いているとも考えられるでしょう。ここでのやり取りからは、高齢者介護の負担に対して、その見返りに物が与えられたり、譲られたりするのは当然であるとする当時の心性を読み取れます[35]。

この互酬の論理は情の論理と同じく、現代人にも馴染みがある論理ではないでしょうか。親の介護をしっかりとした子に対して親が感じ入り、遺言書を通して「長男ではなく、介護をしてくれた三男に最も多く財産を譲る」と決めたりする状況は往々にしてあるでしょう。同様の考え方はこの頃にもあったわけです。

四つの論理の弱点と介護放棄

古代〜中世期の人々を高齢者のケアに向かわせる論理として情の論理、儒の論理、仏の論理、互酬の論理をご紹介しました。もちろん、これらは今回取り上げた史料・既存研究からいえる論理を抽出しただけで、他にも論理が存在する可能性は十分にあります。

そして当時の史料・既存研究を読み解くと、これら論理の間にある一定の補完関係が見えてきます。

例えば『日本霊異記』の「綾の君」の物語では、隣近所に住む貧しい高齢者に対して、「女主人」の側は「可哀そう・気の毒に思う」、すなわち情の論理により、助けたいと考えました。一方、「主人（夫）」にそのような情の論理は生じていない様子でしたが、「功徳を得たい」という仏の論理によって、高齢者を救済しようとします。このシーンにおける「主人」の考え方を読み解くと、情の論理は作用しなかったものの、仏の論理が作用したため、ケアに向かう心性が生じたといえるでしょう。情の論理の不在を、仏の論理が補完したわけです。

こうした補完的な関係は、他の論理間においても想定可能です。例えば情の論理が働かない場合、典型例として嫁姑の関係で嫁が「あの姑は大嫌いなのでケアなんてしたくない！」といった感情を抱く状況を考えてみましょう。この場合、「嫌いだろうと何だろうと、親のケアをしないと仏罰により地獄に行く」といった仏教の論理が、情の論理を補完する可能性は十分考えられます。あるいは「感情に流されず、人の道、節理として親孝行はするべき」といったケアへの動機づけを与える儒の論理が、情の論理の不在を補う可能性も考えられるでしょう。

同様に仏の論理が機能しない人（不信心者など）に対しても、情の論理（愛情を感じるゆえにケアをする）、儒の論理（孝悌の価値観を持つ）、互酬の論理（利得を得たい）などによってケアに向かう心性を生じさせるとも想定できます。他に儒の論理が働かない場合でも情の論理、仏の論理、互酬の論理が補完する、互酬の論理が働かない場合でも情の論理、儒の論理、仏の論理が補完できるでしょう。

一方、こうして補完性について考えてみると、人をケアに向かわせる四つの論理それぞれにおける「弱点」とでもいうべき問題が見えてきます。特定の性向を持つ人物、あるいは特定の生活環境下においては、それぞれの論理が作用しない状況も往々にして起こり得るわけです。

例えば情の論理は、「嫌いな人」に対しては作用しません。ケア対象となる高齢者に対して、ケアに向かわせるだけの愛情・愛着・親近感のある関係性があれば良いのですが、人は必ずしもそうではないわけです。先ほど関係が良くない嫁姑の例を挙げましたが、こうしたケースは、息子の嫁が義母を捨てるようにそそのかす「老親福運型」の姥捨て物語にも登場します。このタイプの姥捨て物語では、最終的に老親は幸せになるのですが、途中で登場する嫁の心性、さらに親を捨てようとする時点での息子の心性（後悔して老親を連れ戻すにしても）に、情の論理は働いていません。

次にケアにおける儒の論理、その根本概念である「孝悌」の思想においては、親ではない人間・目下《めした》の人間に対して基本的に作用しにくい難点があります。高齢者のケアと聞くと、「子供による老親のケア」がイメージされやすいですが、現代の介護事情からも分かる通り、「夫が年下の妻をケアする」「高齢の姉が、同居する高齢の妹をケアする」など、実際のケア状況は世帯によって多様です。

こうした状況は中世期までの時代にも起こっていたと考えられ、その一例が「鳥部野の話」です。この物語は既にご紹介した通り、「尾張守」が世話していた妻・妹・娘のいずれかに該当する「女」は、年老いてから尼になったのですが、「尾張守」が「女」の面倒を見なくなってしまい、誰のケアも受けられずに自ら鳥部野の葬地に行って死を待つ……といった悲しい内容でした。

このとき「尾張守」にとって「女（妻・妹・娘のいずれか）」は親や目上の人間ではないため、孝悌の対象外となる存在です。このような状況だと、孝悌を徳の大元とする儒の論理は、作用しにくくなるわけです。物語の最後に、「尾張守」に対して人々は非難したとの内容がありますが、これはここまで述べた概念整理に基づくと、身内なのに情の論理が作用しなかった点への非難といえます。実際、儒の論理が作用しなくても、情の論理が作用すれば、ケアに向かう心性は生じたはずです。しかし「尾張守」は「女」への愛情・愛着を失っていたようで、作用はしませんでした。同様に仏の論理、互酬の論理も機能せず、論理間の補完が生じなかった結果、「女」は痛ましい終末期を迎えたといえます。

また儒の論理は古代・中世期における律令制度（年長者への敬意に関する規定、侍給制度、賞罰制度）のように、行政制度の中に取り込まれて運用される側面があります。しかし先述の通り、律令制度は中世期の半ばまでにはほぼ瓦解します。行政制度自体が運用されなくなれば、それに紐づいた儒の論理の影響力・作用力も弱まらざるを得ません。次章で触れる近世期の時代だと、儒の論理が再び強い効力を持つようになってきますが、少なくとも中世半ば〜近世期（江戸時代）半ばまでは、行政と結びついた儒の論理の効力は弱まったと考えられます。

三つ目の仏の論理については、極楽や地獄といった概念を信じない人、仏教に対する懐疑論者には作用しにくいです。ただ中世期の仏教の影響力は絶大だったので、当時の日本人の中で徹底した仏教反対論者は、庶民レベルだと極めて少なかったとも思われます。

四つ目の互酬の論理は、ケアを受ける側に一定の財産・贈与物がなければ作用しません。また財産・贈与物があったとしても、ケアをする側が対価として相応しいと認める内容でなければ、ケアへの誘因とはならないでしょう。

先述の通り、これら四つのケアの論理は一定の補完性を持つので、どれか一つの論理が強力に作用すれば、当時の人にケアに向かわせる心性を生じさせられます。しかし補完性は必ず発動するわけではなく、どの論理も作用しなかった場合、高齢者は誰からもケアを受けられなくなります。鳥部野で死を迎えた「女」のように、遺棄同然の最期を迎えてしまうわけです。

先述の通り、ここまでは古代～中世期の高齢者観とそのケアのありようについて、史料・物語等を見ながらその特徴や介護に向かう価値観について考えてきました。この時期のケアを特徴づける四つの論理は、人を高齢者ケアへと向かわせるものです。一方で当時は、貧困や「穢れ」の思想など、高齢者への終末期のケア・看取りを拒み、介護放棄に向かう心性を生みだす諸要因もありました。そのため実際にケアを行うには、介護放棄に向かう心性を上回るケアへ向かう心性（愛情、孝悌の心、仏への信仰心、見返りに対する欲求など）が必要であったと考えられます。

註

（1）新村拓（一九八九）『死と病と看護の社会史』法政大学出版局、一三四頁。
（2）大島建彦（二〇〇四）『日本の昔話と伝説』三弥井書店、一一八頁。

(3) 柳田國男(一九九八)「村と学童・母の手毬歌」『柳田國男全集14』筑摩書房、四八二頁。
(4) 小島(二〇〇二)、一五二〜一五三頁。
(5) 今野達校注(一九九九)『新 日本古典文学大系 33 今昔物語集 二』岩波書店、四七〇〜四七四頁。国東文麿訳(二〇一九)『今昔物語集 天竺篇 全現代語訳』講談社、六八七〜六九二頁。
(6) 今野(一九九九)、四七四頁。
(7) 国東(二〇一九)、六九一〜六九二頁。
(8) 雨海博洋、岡山美樹訳注(二〇〇六)『大和物語(下)』講談社、一九〇〜一九六頁。
(9) 同右、一九一頁、一九三頁。一字空きは筆者による。
(10) 柳田國男(一九九八)、四八八頁。
(11) 例えば、江戸時代中頃に書かれた賀茂真淵《かものまぶち》の『大和物語直解』など。
(12) 梶原正昭、大津雄一、野中哲照校注・訳(二〇〇二)『新編 日本古典文学全集53 曾我物語』小学館、四一三頁。一字空き、訳は筆者による。
(13) 同右、四一三頁。一字空き、訳は筆者による。
(14) 民間伝承の姥捨て物語を元にして内容を脚色し、小説や演劇に昇華させている例は多数あります。例えば、深沢七郎(一九五七)『楢山節考』中央公論社など。
(15) 柳田國男(一九九八)、四八一頁。
(16) 新村(一九九一)、九七頁。

(17) 田中（一九九七）、一一～一三頁。
(18) 同右、一一～一三頁。
(19) 同右、一三～一四頁。
(20) 森岡清美（一九九三）『現代家族変動論』ミネルヴァ書房。中西泰子（二〇〇九）『若者の介護意識　親子関係とジェンダー不均衡』勁草書房。春日井典子（二〇一四）『〔新版〕介護ライフスタイルの社会学』世界思想社、など。
(21) 金谷修訳注（一九九九）『論語』岩波書店、二〇～二一頁。中略は筆者による。
(22) 同右、二三～二四頁。
(23) 井上、笹山（二〇二〇）、一八頁。
(24) 次田真幸訳注（一九八〇）『古事記（中）』講談社学術文庫、二二四～二二五頁。
(25) 律令制度では行政区が「国」「郡」「里」の三つに分けられ、里は五十戸で構成されていました。七一五年に「里」は「郷」に改称。
(26) 黒板（一九七五）、二一〇頁。訳は筆者による。
(27) 田中（一九九七）、一四頁。
(28) 黒板（一九七五）、一〇二頁。訳は筆者による。
(29) 小林勝人訳注（一九六八）『孟子（上）』岩波文庫、二一一～二一三頁。
(30) 小倉芳彦訳（一九八八）『春秋左氏伝（上）』岩波書店、三九六頁。
(31) 佐藤信（一九九七）「国司をめぐる儀礼と場」『国立歴史民俗博物館研究報告』第74集、四七頁。

(32) 上島亨(二〇一〇)「仏教の日本化」末木文美士他編『新アジア仏教史11 日本I 日本仏教の礎』佼成出版社、二三七頁。
(33) 勝又基(二〇二一)『親孝行の日本史――道徳と政治の1400年』中公新書、三一頁。
(34) 中田祝夫(一九九五)、八二～八三頁。
(35) 久留島(一九九八)、二五頁。

第六章

江戸時代の「介護に向かわせる」価値観

前章では古代〜中世期に高齢者への世話・ケアを放棄する一例として「姥捨《うば》て物語」を取り上げ、後半部分では当時の人々が高齢者ケアに向かう考え方や価値観＝論理についてまとめました。そしてそうした論理が作用しなかったときに、誰からも世話されずに高齢者が放置される・捨てられる、といった事態が生じる場合も見てきました。

本章では古代〜中世期で行ったこれらの作業を、本書の前半でご紹介した江戸時代についても続けて行ってみたいと思います。

江戸時代に身寄りのない高齢者はどう介護された?

中世期後半は各地で戦《いくさ》が多発していましたが、世の中がすっかり落ち着いた江戸時代の中期以降（十七世紀後半以降）になると、世の中が秩序立ってきます。武士はもちろん庶民レベルでも家業が安定し、「三世代同居」のような「家」の形が一般的となっていきました。そのため高齢者の介護は多くの場合、跡取りの子供夫婦や孫たちの負担となるのが通例となります(1)。

第一章で取り上げた武士、庶民の介護事例は、基本的に子から親へのケアでした。血縁者がいない場合でも、弟子のような近しい人からケアを受けられるケースもありました。

しかし同居している家族・近しい人間などがおらず、身よりもない高齢者は、江戸時代にも多数いたと考えられます。

古代～中世期の律令制度では、こうした「鰥《かん》」（老いて妻のいない男性）、「寡《か》」（老いて夫のいない女性）、「独《どく》」（子供がいない高齢者）に対しては、中国から取り入れた高齢者を敬おうとする「儒教」の影響のもと、支援する仕組みが導入されていました。もっともすぐに瓦解したため、影響力は限定的なものであったとはいえます。

では江戸時代はどうだったのでしょうか。実は江戸時代には、現代でいうセーフティネットのような役割を果たす制度がありました。いわゆる「五人組」です。

五人組とは江戸期の庶民（農民・町民）支配の手法であり、地域内に住む庶民を五軒ごとに組織化し、それぞれの家に相互監視と連帯責任を課す制度です。(2)

相互監視の点では、当時幕府が厳禁していたキリシタンのチェック、治安維持（地域内のならず者、不審者の監視）などを五軒の中で行うよう求められます。ご近所同士でお互いに問題ないかを常に監視し合うので、各家からキリスト教信者、犯罪者を出さないようにする抑止力としても働いたわけです。

連帯責任の点で重視されたのは、「税収（年貢）の確保」です。五人組の原則として、もし一軒でも年貢の納入に不備があれば、残りの四軒が埋め合わせるための年貢を求められました。(3) となると当然、「他の四軒に迷惑をかけると、地域内で胸を張って住めなくなる」との思いから、無理をしてでも年貢を納めようとするでしょう。年貢納入を確実にさせようとする為政者側の狙いがあったわけです。

もともと五人組は律令制度の戸令・五家条に規定されている「五保の制」（五戸を一単位として組織し、防犯・納税を担う）を起源とし[4]、豊臣政権時に改めて制度化が行われました。徳川家が幕府を開いた後、寛永十年代（一六三三〜一六四二年）以降には全国的に設置され、当時の将軍・徳川家光政権の政策として定着していったようです[5]。

なお五人組の組み合わせについては、地域内の富裕同士、親類同士が同じ組に入らないようにし、偏りのない公平な構成員になるように配慮されていたともいわれています[6]。そして実際に村で編成される場合、五人組の構成員の名前と守るべきルールなどが記されている「五人組帳」が作成されます。ルールについては五人組帳の前書部分に記されていて、そこに名を連ねたら、「決してルールを犯しません」との誓いを示すことになります。

この五人組ですが、本来の目的は庶民に相互監視、連帯責任を強いる点にあったものの、実際に運用される中では、より拡大した役割も求められていました。例えば人身売買の禁止、衣服の規定（木綿を着用すべしとの内容で、幕府の法律でも言及）、道路の整備、博打の禁止、村外に出るときは五人組に断りを入れる、手負い者（傷を負った者）に宿を貸さない、訴訟を大勢で行わない、といった内容も盛り込まれています[7]。

五人組には、構成員同士のケアに関する役割も求められていました。

この点について言及した書物として、蓑笠之助《みのかさのすけ》（一六八七～一七七一年）が著した『農家貫行』があります。蓑笠之助は江戸生まれで、相模《さがみ》（現在の神奈川県周辺）の酒匂川《さかわ》の治水工事に取り組んだり、名奉行として知られる大岡忠相《おおおかただすけ》の部下になったりするなど、幕府の行政官として活躍した人物です（なお蓑笠之助という妙な名前は徳川家康が初代に名付けたようで、以降代々受け継がれました）。『農家貫行』は農民の生き方、名主《なぬし》（庄屋・肝煎《きもいり》）など村役人の心得などが挿絵付きで記されていて、当時の農村において守られるべきとされた規範・慣行を伝える史料の一つです。

その『農家貫行』の中に次のような一節があります。

「……如此成ときは五人組のしまりよく、何事も相互に談合を爲あひ、平生念ごろに成、身持悪敷ものへは異見を加へ、夫食不足のものへは合力をし、病時は介抱し、都《すべ》て祝言弔等、五人組切に取計《とりはから》ひ、五人の了簡に不及事は名主へ訴、一村の扶をも得べき事なり、……」

（……このように〔五人組の間で礼儀が調っている状態のこと〕なったときは五人組にはゆるみがなくなり、何事もお互いに相談し合い、日ごろから親密で、行いが良くないものには意見をいい、食べ物が足りないときは協力し、病気のときは介抱し、結婚式や葬式等も五人組が心をこめて取り計らい、五人組で対応しきれないときは名主に訴え出て、村全体で支援すべきである、……)[8]

五人組はお互いに助け合い、病気のときはケアし合う機能を持つべきと指摘しており、これには要介護状態となった高齢者の介抱も含むと考えられます。五人組はもともと相互監視や共同責任などの機能が念頭に置かれていましたが、お互いに扶助し合う役割も果たすべきと述べているわけです。もし五人組で対処できないときは、五人組の枠を超えた「村全体」で対応すべしとも述べられています。

「地域社会で高齢の要介護者を支えるべし」

同様の記述は、江戸期において村役人などの手引書として利用され、当時の民政や農政に関わる資料が幅広く収められている『続《ぞく》地方落穂集《じかたおちぼしゅう》』にもみられます。この本には五人組のルールについて以下のような内容が記載されています。

「老て子孫なく、……近き親類もなく、……病者と成、身衰へ相續難成もの有之者、其もの親類は不及申、庄屋年寄組頭申合、随分令介抱飢寒を爲凌可申候、……」

（老いて子孫がおらず、……近い親類もおらず、……病人となり、体が衰えて相続ができない者については、親類はいうに及ばず、庄屋・年寄・組頭が申し合わせて、できる限り介抱して飢えや寒さを凌げるようにしなさい……）[9]

老いて身内がいない人については、村の役人・指導層であった庄屋・年寄・組頭が相談して対応すべしとのルールが定められています。庄屋・年寄・組頭は村の指導層にあたりますが、彼らの話し合い内容に基づき、実際に世話を引き受けたのは村の下部組織である五人組であると考えられています[10]。

家業・身分がある程度固定化され、安定した「家」を持てるようになった江戸期においては、もし高齢者が要介護状態となったら、『孝義録《こうぎろく》』など各種資料にもあるように、家族・子供による対応が基本であり通例でした。もし同居の家族がいなければ、次に近しい存在である離れて暮らす親族などが要介護者宅を訪問し、ケアを担います。

しかし家族・身寄りがいないとき、もしくは家族・親族だけで対応しきれないときは、地域組織である五人組・村がケアすべしと考えられていたことが『農家貫行』『続地方落穂集』から読み取れます。両書とも村役人が心がけるべき内容、農村の運営方法などが述べられている書物ですが、地域レベルにおけるこうしたケア体制が、望ましいあり方として提示されているわけです。こうした高齢者扶養に対する考え方は、村のみならず町についても同様であったようです[11]。

五人組・村といった地域社会が加わる形での高齢者ケアは、親子の愛情や孝行の価値観に基づくケアとは異なるものです。このような、自分が生まれ、住んでいる郷里《きょうり》を大切にすべしとの考え方を示した書籍もありました。江戸中期に儒学者・室鳩巣《むろきゅうそう》が執筆し、道徳の教科書として寺子屋でも用いられていた『六諭《りくゆ》衍義《えんぎ》大意《たいい》』です。

もともと明の皇帝・朝廷が民衆教化の目的で作った『六諭衍義』が大元で、庶民向けに分かりやすく「大意」としてまとめたのが『六諭衍義大意』です。徳川吉宗は「享保の改革」を推し進めた人物として知られていますが、その政策の中には文教政策の強化が多分に含まれていました。その施策の一環として出版されたので、幕府側の民衆教化策の意向に沿った書物といえるでしょう。

この『六諭衍義大意』の「六論」とは、「孝順父母（父母に孝順にす）」、「尊敬長上（長上を尊敬す）」、「教訓子孫（子孫を教訓す）」、「各安生理（生理を各々安んず）」、「毋作非為（非為をなすことなかれ）」、「和睦郷里（郷里を和睦す）」を指しますが[12]、このうち「和睦郷里」には次のような内容が含まれています。

和睦郷里

「凡《およそ》都鄙《とひ》を論ぜず、同じ郷村に住居《すまゐ》する人は、先祖以来、常に行《ゆき》かよひ、互《たがひ》に久しく馴習《なじみ》ぬれば、其筋目尤忘るべからず。……凡《およそ》郷村にある人は、……孤児《みなしご》、寡婦《やもめ》、老病、かたわなる人をばいたみあはれみ、困窮、無力《ぶりよく》の人をば賑はし済《すくふ》べし」

（おしなべて都市・地方を問わず、同じ村に住む人は、先祖以来常に交流があり、お互いに長く親しく付き合っているのだから、その筋目を忘れてはならない。……総じて村に住んでいる人は、孤児や寡婦〔夫と死別・離縁して一人身の女性〕、老病、身体に障害のある人を不憫に思って慈悲の心をかけ、困窮・無力の人にはほどこしをして救うべきである）[13]

同じ村に住んでいる者は先祖以来の地縁があるのだから、孤児や寡婦、老病、身体に障害のある人に慈悲の心をかけるべし、と説いています。この中に「老病」とあるので、村内に高齢の要介護者が出たときの対応も想定していると考えられます。

先に見た『農家貫行』や『続地方落穂集』、さらに『六諭衍義大意』などの書物からは、高齢者ケアの担い手は家族・親族に限らず、五人組・村のような社会的・地域的な組織、地縁によっても行われるべき、と捉えられていた当時の考え方・価値観が読み取れます。

幕藩による高齢者の救済制度

江戸時代には、幕府・藩が直接的に高齢者を救済する施策も行っていました。幕府・藩は現代でいう行政府に該当する側面があるので、ある意味公的な扶助制度ともいえます。

例えば徳川吉宗が主導した「享保の改革」の際、江戸では一七二一年（享保六年）に災害発生時の救恤《きゅうじゅつ》実施に備えて困窮者に米を支給する制度が制定されたり、翌一七二二年（享保七年）には極貧の病人や一人身の病人などを入居対象とする「小石川養生所」が開設されたりしました。これらは高齢者のみを対象とする施策ではありませんが、若い人に交じって支援は受けられたでしょう。(14)

江戸の高齢者を対象とした支援制度は、老中松平定信が主導した「寛政の改革（一七八七〜一七九三年頃に実施）」の法令である「窮民御救起立」に登場しています。この制度によると、おおむね七十歳以上の年齢で、配偶者がおらず、手足の働きが不自由で養ってくれる子もなく、飢えている状態の人などに対し、名主が印を押した願書を当時設置されていた江戸《えど》町会所《まちかいしょ》（米や銭の管理を行う幕府の事務所）に提出すれば、町内積金から手当を支給するとしています。(15) 七十歳以上と厳しめの条件ではありますが、高齢者用の救済制度といえるでしょう。

地方の藩でもいくつか高齢者を対象とした扶養制度が実施されています。東北の二本松藩（現在の福島県二本松市周辺）では一七九〇年（寛政二年）に領内で養老法を定め、九十歳の正月には綿入れ一つと五斗（五百合）入り米一俵、九十五歳からは一人扶持《ぶち》（一日あたり玄米五合）が月々与えられ、百歳になると春に絹布と二人扶持の支給がされるようになりました。さらに二年後の一七九二年（寛政四年）には、孤児や身寄りのない高齢者などを入居対象とする「御助小屋」が設けられてもいたようです。[16]同様に会津藩（現在の福島県西部、新潟県・山形県の一部を統治した藩）でも、九十歳以上で一人扶持が支給され、また「鰥寡《かんか》孤独《こどく》之類貧人同前御貸米」の制度により月六升（六十合）が与えられていたようです。「貸米」と聞くと、返済を求める制度に見えますが、安易に領主に頼るなとの意味合いで「貸」の名が付けられただけで、事実上は給付だったといいます。[17]

他にも美作国《みまさかのくに》（現在の岡山県）の津山藩では、藩主が暴政を行ったために民衆から恨みの声が高まり、その鎮静のため領内の鰥寡孤独に該当する百人に対し、米百二十石を支給したとの記録があります。[18]このような制度を導入した背景には、もちろん領内の高齢者を大切にしたいとの思いもあったかもしれませんが、基本的には「領民に対してこんなに仁政を行っている」と内外にアピールする意味合いが強かったとも考えられます。

こうした身寄りのない困窮した高齢者への支援制度に取り組む藩は全国的に多かったようで、それなりの公的な支援制度は江戸期にもあったわけです。しかし援助対象となるには厳格な要件があり、その厳しさの中には「そう簡単に援助してもらえると思われると困る」といった領主側の姿勢を読み取れるケースもあるので、気軽に受けられる支援でもなかったようです。

幕府による朱子学の採用と「孝」「長幼有序《ちょうようゆうじょ》」の重視

江戸時代の武士層・非武士層における「高齢者介護を行おうとする心性」について考える場合、考慮しないわけにいかないのが儒教の影響です。

儒教は古代～中世期の箇所でも触れた通り、親を敬う「孝」、年長者を敬う「悌《てい》」を重視します。人々に対する孝悌の教化は、要介護状態となったシニア世代の困難を若い世代が支援しようとする価値観の普及・強化につながりますが、江戸時代は、古代～中世期よりもずっと濃厚に儒教の考え方が社会に普及した時期です。そしてその背景には、熱心に教育政策を進める幕府の存在がありました。

近世期に日本を統治していた江戸幕府の主・徳川氏は、天下を取った後に秩序ある世の中を実現すべく、社会全体の価値観の骨子となる思想として儒教、特にその一派である「朱子学」を採用し、人々を教化しようとしました。それまでの戦続きの殺伐とした思考パターンを、秩序形成につながる「仁」や「礼」、「忠」などを重視する儒教・朱子学型の思考パターンへ変更しようとしたわけです。

なお「教えを説き人々の考え方や価値観に影響を与える」ものとしては、江戸期の日本には他に「神道」や、古代~中世期に権勢を振るった「仏教」、さらに「キリスト教」などもありました。しかし幕府によりキリスト教は早々に厳禁とされ、仏教も幕府の管理・統制下に置かれて、葬儀や庶民信仰などを担う役回りがメインとなります。神道は江戸期に流行学問となった「国学」と深く関連し、一定の影響力を持つようになりました。そんな中で政治家・官吏の心得を説き、人々を統治しやすいように御する機能を持つ儒教・朱子学が、幕府のニーズに最も合致していたといえます。

さてこの朱子学ですが、当時の人々に高齢者介護に向かう心性をどのように成立させたのかを知るためにも、その考えの一端をご紹介しましょう。既に触れてきた通り、分類としては儒教の中に含まれ、もともとは南宋の朱子＝朱熹《しゅき》が大成した学問です。

基本的な教理としては「理気二元論《りきにげんろん》」が知られています。もともと儒教の祖である孔子の『論語』は、政治家が持つべき心構えや処世訓などを論じたものでしたが、朱子学は儒の概念を用いながら世界・社会全体の成り立ちを考察し、それを「理」と「気」で考えようとした点に特徴があります。

理気二元論の「理」とは、世界・社会を成立させる根本的な法則のようなもので、物理法則から人間の性質、親子関係や主従関係まで、あらゆる秩序を司《つかさど》る朱子学の原理的な概念です。

「理」はいわば法則・規範そのものなので、それ自体が世界に物や動きとして存在しているわけではありません。「理」と呼ばれる法則・規範を、物や動きの形で現実世界に顕在化するものとして位置づけられているのが、「気」の概念です。「気」と聞くと目に見えない空気のようなものがイメージされますが、理気二元論における「気」は事物をも含む概念として捉えられ、その場合「作用・運動・機能を通して意識を喚起するものとしての「物」」[19]といった意味付けがされています。「気」は「理」の法則・規範に従い、「理」に従属する性質を持つので、「気」よりも「理」の方が朱子学では重要視されやすいです。そのため理気二元論は「ほとんど理一元論に近い」、「理の哲学」と呼ばれる場合もあります。[20]

こうした理気二元論を土台とする朱子学の書籍は、中国留学から帰国した仏僧などにより日本に持ち込まれ、江戸時代以前から一部の貴族・武士の教養学として学ばれていました。しかし江戸期の始め、朱子学者の林羅山《はやしらざん》が徳川家康に招かれ、朱子学が江戸幕府の教育政策の中核に位置付けられたことで、江戸期日本における一大学問分野になります。

ではこの理気二元論の考え方が、どのように高齢者介護の思想と結びついていくのでしょうか。この点をひも解くために、林羅山の著書に注目してみます。彼が著した『春鑑《しゅんかん》抄《しょう》』には、次のように述べられています。

「仁・義・礼・智・信ノ五ヲ五常ト云ゾ。……仁ハ五常ノハジメニシテ、義ト礼ト智ト信トノ四モ仁ノ中ニコモルゾ。……仁・義・礼・智ハミナ天理ゾ」
（仁・義・礼・智・信の五つを五常という。……仁は五常の始めであり、義、礼、智、信の四つは仁の中に含まれる。……仁・義・礼・智はみな天理である）[21]

ここで注目すべきは、仁、義、礼、智などの徳目が、天の「理」とされている点です。これらの徳目は性善説で知られる儒学書の『孟子《もうし》』（孟子に関わる物語や問答を集めた書籍）の中で重視され、人が生まれ持つ本性《ほんしょう》と位置付けられているものです[22]。つまり羅山は、人が持つ本性＝「性」が天の「理」であること、性すなわち理である（性即理）とする朱子学の考え方を述べているわけです。

さらに羅山は、「五常ノハジメ」である最も重要な「仁」の概念について、次のように述べています。

「仁ノ道ヲバアマタニ孔子聖人モイハレタレドモ、マヅ孝行ノ道ヲ仁ノハジメ・根本トスルゾ。……父母ニ孝ヲ尽《ツク》シ、一族・親類ヲ親シムヲ、大キナル仁ト云ゾ」
（仁の道については孔子聖人も多くを述べてらっしゃるが、まず孝行の道が仁の始め・根本である。……父母に孝を尽くし、一族・親類と親しむことを大きな仁という）[23]

「仁」の根本には「孝」があり、一族・親類と親しくするのは「大きな仁」と位置付けています。羅山によると、先述の通り「仁」は天の「理」です。その「仁」の根本に「孝」があるわけですから、親に孝行を尽くそうとするのは、「理」に即した行いであるといえます。

そしてこの考えに基づくと、例えば親の介護をして「孝」を尽くすのは、天の「理」に則《のっと》った「やって当然の行為」となります。「孝」が実践できないのは感情・欲望によって本来持つ人の「性」が捻じ曲げられるからであり、起こるべきではない事態とされます。

また「礼」について触れている箇所では次のようにも記されています。

「礼ト云モノハ、「尊卑有序」、「長幼有序」ゾ。……君ハ尊ク臣ハイヤシキホドニ、ソノ差別ガナクバ、国ハ治《し》マルマヒ。……老ヒタル人ト若キ人ニ差別・次第ガアリテ、老タルハ上ニ居、若キハ下モニイルヤウニ、ナニニツケテモソノ法度アルヲ、礼ト云ゾ」

（礼というものは、「尊卑《そんぴ》有序《ゆうじょ》」、「長幼有序」である。……主君は尊く、家臣は卑しく、その差別がなければ国が治まることはあるまい。……老いた人と若い者の間には差別・順序があり、老いた人は上に居て、若き人は下にいるように、何につけても決まりがあることを、礼という）[24]

　ここでは上下関係を重視する考えが述べられています。「尊卑有序」では「尊」の主君が「上」、「卑」の家来が「下」、「長幼有序」では若い者が「下」、老いたる人が「上」であり、主君、老いたる人を敬う決まりごとが「礼」とされます。そしてこの「礼」は、先に述べた「理」と同一のものです。つまり「孝」と同様、高齢者を敬う「長幼有序」もまた天の「理」とされ、当然行われる行為として位置づけられるわけです。

　先の「仁」における「孝」、ここでの「礼」における「長幼有序」の見方を踏まえると、「孝」や「長幼有序」の考え方には、高齢者に介護が必要なときに子や若者が支える行為も当然ながら含まれるでしょう（高齢者に助けが必要なのに知らんぷりするのは、「仁」「礼」にかなった行為とはいえないでしょう）。先述の通り、中国で生まれたこの朱子学は、理気二元論によって宇宙全体の原理を説明しようとする学問です。そのことを踏まえて少し大げさにいうと、朱子学において「理」に関わる高齢者介護は、宇宙の原理にもつながる行為であるともいえるわけです。

武士・庶民への儒教・朱子学の教化

高齢者介護は宇宙の原理に通じる、といった壮大な話になってしまいましたが、このような「孝」、「長幼有序」の概念を持つ朱子学は、江戸幕府が始まってすぐに学問における中心的権威を打ち立てたわけではなく、本格的に普及したのは十七世紀後半以降といわれています。(25)

特に五代将軍の徳川綱吉が一六八〇年（延宝八年）に将軍の座に就いてからは、当時の林家の長・林鳳岡《ほうこう》を召して経書討論会を開いたり、(26)さらには鳳岡を「大学頭《だいがくのかみ》（学問・教育を統括する幕府の役職）」に任じたりして朱子学を重視したため、急速に普及・浸透しました。この「大学頭」の地位は、幼い頃から朱子学の英才教育を受けた林家の人間が代々世襲していきます。

ただ朱子学には林家の他に山崎闇斎《あんさい》の崎門派《きもんは》などの学統があり、さらに「朱子ではなく、本来の孔子・孟子の教えに立ち返るべし」と主張する同じ儒教内の「古学派」の学統も十七世紀半ばに登場します。こうした諸学派の登場により、林家は幕府に目をかけられたとはいえ、儒教系の学問の中で絶対的な位置づけを持ったわけではありません。

それでも江戸期においては、「大学頭」として幕府の権威を得た林家の朱子学が強い影響力を持ち、この学統が牽引役となって社会に「孝」や「長幼有序」の価値観を広め、人々を高齢者介護へと向かわせる心性の醸成・強化につながったといえます。また朱子学に対する姿勢がどうあれ、同じ儒教の枠組にある限り、その最重要概念ともいえる「孝」や「長幼有序」はないがしろにされません。林家を柱とする朱子学が江戸期の儒教全体を盛り上げて、結果として高齢者介護に関わる「孝」・「長幼有序」の考え方を広める効果をもたらしたともいえるでしょう。

では具体的に、どのようにして儒教・朱子学の価値観が社会の中に広められ、浸透していったのでしょうか。

社会に対する特定の価値観の刷り込みは、子供のうちから学校で教育するのが最も効果的です。実際、江戸期には武士層の藩校、庶民層の寺子屋が全国各地で運営され、その中で儒教・朱子学の教育が盛んに行われていました。

幕府の教育機関の先駆けとなったのは、一六三〇年（寛永七年）に家光から上野忍岡の土地を貰い、そこに私塾を開いた林羅山です。塾名は「先聖殿」で、通学者に儒教・朱子学の教育を行いました。この塾は一六九〇年（元禄三年）に、五代将軍綱吉によって「大成殿」と改称されて湯島に移され、移転地は新たに昌平坂（昌平とは、孔子の生まれ故郷の名前）と命名されたので、昌平坂聖堂や湯島聖堂とも呼ばれるようになります。その後一七九〇年（寛政二年）に、寛政の改革の一環としていわゆる「寛政異学の禁」が実施され、大成殿が林家の私塾ではなく官立学校となり、その五年後には幕府直轄の教育機関である「昌平坂学問所」へと生まれ変わりました。幕府が朱子学こそ学ぶべき学問であると正式に位置づけたわけです。

その後全国各地の藩においても「藩校」が設立されていきました。ただ本格的に開校ラッシュが始まるのは十八世紀後半で、江戸幕府が始まってからの百年間（十七世紀の間）で開校された藩校は八校のみでした[27]。しかし十八世紀になると、前半期で二十二校、後半期で九十六校となり、十九世紀に入ってから幕末にかけては三百校近くまで増えました[28]。官立学校となった昌平坂学問所では幕臣だけでなく諸藩からの留学藩士も受け入れており、彼等が帰国後に自藩の藩校の校長になるケースが多く、結果として昌平坂学問所の朱子学教育が諸藩における学校の模範となった側面もあったようです[29]。

これら昌平坂学問所や藩校における教育科目の基本は朱子学です。朱子学の祖である朱熹は、学びを進めるなら最初に朱子学の入門書である『小学』と『近思禄』を学び、続いて朱子学の主要テキストとされる『論語』、『大学』、『孟子』、『中庸』の四書を学び、それから五経（儒教の必読書で『易経』、『書経』、『詩経』、『礼記』、『春秋』などで構成）を学ぶ、との順序を示していました。当時の藩校では、基本的にこの流れに沿って基礎教育が行われていたようです[30]。

なお教育科目は儒教・朱子学以外も幅広く設けられました。幕府の官立学校においては国学、医学、西洋語学・文化などを教える学校が十八世紀末～幕末にかけて創設されています。また各地の藩教育でも、国学、西洋学（語学、科学、軍事、航海、測量など）、医学などにも注力がされていました。しかしそうした中でも、人格形成に関わる基礎的な学問として位置づけられていたのは、やはり儒教系の学問です。

他にも地方に住む士族・庶民の教育を目的とした郷学《ごうがく》《きょうがく》も多く設立され、庶民の組合組織・町村組合が設立したものを含めると、明治維新期には全国で千校あまりに上っています(31)。これら郷学でも、儒学を中心とした教育が行われました。

また近世期には公的な学校だけでなく、学者による私塾も多数開校されています。

例えば京都には林羅山も通っていた藤原惺窩《せいか》の「講習堂」があり、同じく朱子学者の山崎闇斎の塾である「闇斎塾」、木下順庵《きのしたじゅんあん》の「雉塾」などがありました。江戸では幕府の援助のもとで儒学者・菅野《すがの》兼山《けんざん》が開設した「学問所会輔堂」、同じく儒学者の安井《やすい》息軒《そっけん》の「三計塾」などが有名です。大坂では商人が設立した「懐徳堂」が知られています。

一方、朱子学を批判する儒教系の塾も多数あり、例えば陽明学（朱子学批判から生じた儒教の一派）の学者である中江《なかえ》藤樹《とうじゅ》が近江《おうみ》（現在の滋賀県）に開講した「藤樹書院」、江戸・茅場町《かやばちょう》にあった古学派の荻生徂《おぎゅうそ》徠《らい》の「蘐園塾《けんえんじゅく》」、同じく古学派であった伊《い》東仁斎《とうじんさい》が京都に設立した「古義堂塾」などがその一例です[32]。

これら私塾はあまりにも多いので列挙しきれませんが、朱子学を教える塾はもちろん、儒教の枠組で朱子学を批判する塾でも、先に述べた通り根本概念である「孝」や「長幼有序」の重要さ、大切さを教える点では同様です。人々を介護に向かわせる心性を高める点では、これら反朱子学系の儒教を教える私塾も、プラスの影響を与えたと考えられます。しかもこれら私塾は、身分に関係なく学べる場合がほとんどで（授業料は必要）、武士層のみならず庶民の儒教・朱子学教化にもつながっていました。

さらに庶民向けの教育を施す「寺子屋」も、江戸時代には全国各地で多数設立されています。当時の寺子屋の具体的な設置数についてはいくつか研究がありますが[33]、明治初年には、全国で約七万五千（私塾の数は約六千五百）に上ったともいわれています[34]。

当時、幕府・諸藩では一般的に、年貢の納入事務を地域の庄屋（名主・肝煎）などに委託する形をとったので、事務手続きのためにも、農村に住む庶民層も読み・書き・そろばんを学ぶ必要性が生じていました[35]。また都市部の商家においても、商いの帳簿・記録を作るのが慣例となっていたので、出世するには読み書きの能力が求められました。しかしその頃は、現代における公立小中学校のようなものはないので、結果として私的に設立される寺子屋へのニーズが高まっていったわけです。

寺子屋では習字、読み方、素読《そどく》（声を出しての読み上げ）、そろばんなどが教えられ、テキストには「往来物（手紙や書簡などをまとめたもので、教材として利用）」「実語教・童子教（仏教や儒教の教えが書かれた道徳書）」「名頭《ながしら》（源平藤橘など名前の姓の頭文字を記したもので、文字の稽古に使用）」、そして儒教・朱子学の主要テキストである「四書」、「五経」などが読み物や書の教材として用いられていました。(36)

近世期の寺子屋三千九十校を対象として、当時どのようなテキストが用いられていたのかについての調査があります。それによると、朱子学の聖典とされた「四書」のうち、『大学』を使用していた寺子屋は全体の四十七％、『論語』が四十五％、『中庸』が四十一％、『孟子』が三十九％でした。(37) 四書全部を使用する場合もあれば、『論語』のみ使用するといったケースもあったでしょうが、多くの寺子屋でテキストとして使用されていたわけです。

もっとも寺子屋には授業料が必要で、(38) ある程度資力のある家庭の子供だけが通えた側面もあります。庶民層の寺子屋への就学率については、関東地方の農村だとおおむね二～五割ほどとの調査結果があり、(39) また明治初期の就学率調査を基本として各種条件を考慮した結果、幕府が終わった直後の明治初年時点での日本人全体の就学率は男児四十三％、女児十％であったとする研究もあります。(40) 現代のように誰もが学校で学べる状況ではありませんでした。

ただ寺子屋で教えられる内容については、通えなかった人でも学ぶ機会はあったようです。例えば地主・村役人といった郷村における名望家が、村内組織の寄合などの機会を通して、参加者に儒教・朱子学に関連した実践倫理を説き、農民教化に大きな影響を与えていたと指摘する研究があります。(41) 寺子屋に通えなかった人でも、耳学問としてある程度学習できる機会があったわけです。

このように儒教・朱子学教育が進められた江戸時代ですが、当時の社会の仕組みや体制のすべてが「儒」に染まったわけではありません。例えば同時期の中国や朝鮮半島などに比べると、極めて限定的な受け入れであったといえるでしょう。

それでも江戸中期以降の学問熱・朱子学熱は、それまでの日本人に経験の無いものであったのは確かです。儒教・朱子学が「孝」や「長幼有序」といった「高齢者のケアに向かわせる心性」の醸成に関わる学問である以上、介護の歴史を考える場合、やはりその影響力は軽視できないものがあります。

老親ケアを教えた出版物

古代～中世期には見られなかった庶民にも広がる教育熱のおかげで、江戸期には身分を問わず「読み書き」が可能となりました。

識字率について全国一斉調査などは行われていないものの、村・地域ごとに史料が残っています。各地で行われた識字率に関する研究調査によると、幕末期の十九世紀前半時点において、おおむね男子は七〜九割以上、女子で五〜六割以上あったとの結果が出ています。[42]読み書きについては、親が出来るなど環境が整っていれば日常的に家でも教えられていたので、寺子屋・私塾に通ってないからといって出来ないわけでもなかったようです。[43]

こうした識字率の高さも相まって、江戸期には庶民向けの出版物も多く刊行されていました。江戸後期の人気作家として知られる柳亭種彦《りゅうていたねひこ》の著作は一万部程度、恋川春町《こいかわはるまち》、山東京伝《さんとうきょうでん》らの著作物は一万〜一万五千部といった規模で売れていました。[44]その中には、儒・朱子学の価値観を背景とした老親介護について論じる書物も出版され、広く読まれていました。[45]

その一つが、すでに取り上げた貝原益軒《かいばらえきけん》の『養生訓《ようじょうくん》』です。この書物は全八巻から構成され、「巻第八」には子による老親ケアの大切さ、注意点が含まれています。

「人の子となりては、其おやを養なふ道をしらずんばあるべからず。其心を楽しましめ、其心にそむかず、いからしめず、うれへしめず。其時の寒暑にしがたひ、其居室と其寝所をやすくし、其飲食を味よくして、まことを以て養ふべし。……今の世、老いて子に養はるる人、わかき時より、かへっていかり多く、欲ふかくなりて、子をせめ、人をとがめて、晩節をたもたず、心をみだす人多し。……子としては是を思ひ、父母のいかりおこらざるやうに、かねて思ひはかり、おそれつつしむべし。父母をいからしむるは、子の大不孝也[46]」

（人の子である以上、親を養う道を知らなくてはいけない。親の心を楽しませ、親の志にそむかず、怒らせず、心配させず、季節の寒暑に応じて、居室と寝室とを快適にし、飲食の味をよくし、誠実をもって養わないといけない。……いまの世間では、年をとって子に養われている人が、若い時より怒りっぽくなり、欲もふかくなって、子を責め人をとがめて、晩年の節操を保たず、心をみだすのが多い。……子としては、このことを念頭において、父母が怒らぬように、ふだんから気をくばって、慎むべきである。父母を怒らせるのは、子の大不孝である[47]）

子供の世話になっている高齢者は心が不安定になりやすいと指摘した上で、益軒は、子供はいかなる時も親が怒らないように配慮すべきとしています。さらに次の箇所では、老親が感じる「さびしさ」にも言及しています。

「年老ては、さびしきをきらふ。子たる者、時々侍べり、古今の事、しづかに物がたりして、親の心をなぐさむべし(48)」
(年とってからは、寂しいのはよくない。子たるもの、時どき側について、古今のことを静かに語って親の心をなぐさめるがよい(49))

全体を通して、「居室・寝室を快適にする」「飲食の味を良くする」といった物理的な側面に気を配る一方で、「怒らせない」「寂しくさせない」といった心のケアを重視すべきとする、益軒の老親ケア・介護に対する考え方が読み取れます。

またこちらも先に取り上げましたが、『六諭衍義大意』も当時よく読まれていた著作物であり、寺子屋のテキストとしても広く用いられていました。この『六諭衍義大意』の中にも、老親の介護手法について述べられています。

「其孝行と云《いう》は、貧富《まづしとむ》貴《たつとし》賤《いやし》は、をのづから不同あれば、必しも父母の衣食を結構にせよと云にもあらず。たゞ分限相応《ぶんげんさうをう》に、父母の飽煖《あきあたゝか》なるやうにすべし。父母年たけて後は、大かた側をはなれず、出入には、手をひき、うしろをかゝへ、寝《ね》興《おき》には、夜はしづめ、朝は省《かへりみ》べし。父母若《もし》病あらば、昼夜帯をとかず、他事をすて丶看病し、医薬の事にのみ心を尽すべし。さらに第一に意得《こころえ》べき事は、いかほど父母の身を孝養すとも、其心を安ぜずしては、大なる不孝といふべし」

（親への孝行は、貧富貴賤でそれぞれ異なるため、必ずしも父母の衣食を良いものにせよとはいわない。しかし家計の状況に合わせて、暖かい服を着せ、食事を十分にとれるようにすべきである。父母が高齢になった後はいつも側にいて、出入りをするときは手を引いて後ろを抱えるようにし、父母が寝起きする際は夜に心を落ち着かせ、朝には体調を気にかけるべきである。父母がもし病気になったときは、昼夜帯《おび》を解かず、他のことは置き捨てて看病にあたり、医薬のことだけに心を費やすべきである。さらに第一に心得るべきことは、どれほど父母の身に孝養を尽くしても、その心を安んずることがなければ、大変な不孝者である(50)）

「手をひき」「うしろをか丶へ」「夜はしづめ」「朝は省べし」といった、具体的な介護方法についても述べられています。また親の心を安んじなければ不孝者であるとも指摘していて、老親介護において心のケアを重視している点は『養生訓』と同様です。

最後に、近世期日本の経世論者であり、海防について論じた『海国兵談』の著者としても知られる林子平《はやししへい》の『父兄訓』についてご紹介します。これは武士が自分の子・弟に教えるべき事柄をまとめた書物で、老親ケアにおける食事について次のように述べています。

「人ゝ其子の口腹を養ふ事深切なれとも其老親の口腹を養ふ事深切ならざる人多し……歯損し弱りて年高たる老親の食物にはさのみ心を配て調理する事もなく……歯の悪きハ御損なり抔《など》と云迄にてさのミ苦くも思わざるなり……口腹を養ふに暇なし抔と云は口腹を養はさるのミにあらす又遁辭《とんじ》をなして己が不孝の罪を蔽《おお》ふ大罪人と可云者也」

（我が子の飲食を満たすことには気を配るが、老親の飲食を満たすことには気を配らない人が多い……歯が無くなり弱っている高齢の親の食べ物にはさほど気配りして調理することもなく……「歯が悪いのは御損なこと」などというだけで、それほど心苦しくも思わないのだ。……「飲食に配慮するゆとりがない」などというのは、親の飲食の用意を怠《おこた》ることのみならず、責任逃れをして自分の不孝を隠そうとする大罪人である）[51]

現代でも入れ歯の高齢者は多いので、当時はもっと多かったでしょう。林子平は当時の傾向として、若い人は子の食事には気を配っても、老親の食事には気を配らない人が多いと指摘しています。高齢になると歯が無くなる・弱くなるのはもちろん、咀嚼《そしゃく》した食べ物を飲み込む力も弱ってきます。困っている高齢者が多いのに、若い世代が配慮しない実情に憤慨し、飲食のケアについて子弟に教育すべしと論じているわけです。

以上、当時の老親ケアを扱った刊行物をいくつか取り上げてきました。現代でも介護関連本は多いですが、江戸時代においてもそうした本は出版されていたわけです。ただ少なくともここで紹介した書籍については、純粋に介護技術・方法・体験談を述べるのではなく、「親不孝するべからず」といった儒教的思想が色濃く感じられます。この点、現代の介護本とは大きく異なる部分といえるでしょう。

当時の人々を介護に向かわせた価値観とは　①老親や主人への愛情・感謝――「情」の論理――

これまでの内容を踏まえつつ、古代～中世期と同じように、江戸期の日本人を「介護に向かわせた心性をもたらす論理」を検討してみましょう。

古代～中世期では先に見た通り、愛情や慈悲によってケアを行おうとする「情の論理」、律令制度を通して伝えられた「儒の論理」、仏教の影響を受けた「仏《ぶつ》の論理」、親の財産を継承するために子が親の面倒をみる、あるいは介護をしてくれれば財産を譲るなどの条件で介護行為が行われた「互酬の論理」などをとり上げました。各論理の間には、儒の論理が作用しなくても情の論理が作用すればケアは行われるといった補完性があるとも考えられました。

では江戸期にはどのような論理があったのでしょうか?

まず取り上げたいのは、やはり基本となる情の論理です。愛情、憐憫など感情的な側面が引き金となって介護に向かわせる情の論理は、古代~中世期と同じく、江戸期でも重要な論理といえます。その定義は古代~中世期編でも述べましたが、「介護する側の愛情・感情、自発性に支えられて介護を行おうとする心性」です。

第一章では庶民層における介護の実例を『官刻孝義録』を元に紹介しましたが、例えば老母の介護と仕事との両立に取り組んだ「七郎右衛門」を振り返ると、老親への愛情によって突き動かされてケアをした様子が見て取れます。「孝」の実践者として為政者から褒められてはいるものの、実際に介護に向かう姿からは、「情」の要素が多分に感じられます。

このような場合、介護対象が必ずしも肉親だけとは限らず、「江戸新乗物町に住んでいた〔久助〕」の場合だと、弟子入り先の師匠が中風《ちゅうぶ》で倒れて要介護状態となったとき、「見捨てて出ていけない」として非血縁者でありながら介護を続けています。これも結果として町奉行から「忠義者」として表彰されましたが、史料を見る限り、「放っておけない」と思ってケアをする情の論理が読み取れます。

「七郎右衛門」や「久助」には、儒教の影響力が作用していたとも考えられます。しかし史料に記述されている彼らの親・主人に接する姿からは、「ケアするのが人の道だから」といった杓子定規で儒教的ないい方だけでは説明しきれない部分があります。この点、儒教の影響を特に強く受けていた武士層の介護においてもある程度当てはまるでしょう。第一章の水野重教のケースでも、「親孝行」を重んじる気持ちがあったと同時に、倒れた父親への愛情があったと考えることに無理はありません。

こうした情の論理は、介護が行われているときは自然のものとして読み取れますが、この論理が作用しない状況、例えば「この人が嫌いなので、ケアなんて出来ない」となってしまう状況において、その存在が際立ちます。情の論理がまったく作用しなければ、介護放棄にもつながります。

例えば、第一章でご紹介した沼津藩士・水野重教の場合では、兄嫁も父の介護を手伝っても良さそうですが、兄嫁と父は不仲で介護に乗り気ではなく、[52]他家に養子に出ていた重教が介護を負うようになった側面がありました。前章でも触れた論理の補完性により、情の論理が作用しなくても、「義父は嫌いだけど、ケアをしないのは人の道に反するから」といった価値観を強く持っていたら、介護に向かったかもしれません。しかし兄嫁はそのような価値観を持っていませんでした。

人間には介護へと向かわせる心性をもたらす「愛情」「好き」「気の毒に思う」などの感

情がある一方で、「憎しみ」や「嫌い」などの感情も生じ得ます。古代〜中世期の箇所でも触れましたが、ケア対象者に対してネガティブな感情が強ければ、情の論理は作用しません。ただ情の論理が作用しなくても、後述する他の論理が十分に補完性を発揮すれば、「いやいやながらも介護する」といった状況が生じ、介護放棄は避けられます。

②まずは家の中で対応を――「家」の論理――

第四章でも見た通り、中世の前期〜中期頃までは「家」そのものが流動的で、通い婚も平然と行われ、確固とした「家」が明確に定まっていない部分がありました。しかし中世も後半になると武家、農民（農作業を行う経営体）などが二世帯〜三世帯のそれなりに安定した「家」を形成するようになっていき、江戸時代に入ると世の中も安定し、代々武家、代々農家など家職が定まってきます。その結果、家の中で生まれ育ち、家の中で死んでいく形態が江戸期に広く生じました。もちろん貧民が都市に流れたり、家職・身分の変動もありましたが、総じて江戸期は「家」がしっかりと成立していった時期といえます。

こうした状況の中、高齢者介護の担い手として当然視されたのが、一つ屋根の下で同居する家族です。先述の通り、江戸幕府は当時、庶民の統制策として五人組を制度化し、各家に相互監視や年貢納入の連帯責任を負わせる一方、高齢者ケア・見守りの役目も求めていました。しかし五人組に高齢者ケアを任せるのは、子や孫、親族がいないとき、もしくは家族の手に負えないときとされています。五人組のルールについて言及している『農家貫行』、『続地方落穂集』などにおいても、第一に家族もしくは親類によるケアが前提条件で、難しいときは五人組・村組織が対応を考えていく、といったケア体制が想定されていました。この意味からも、もし高齢の要介護者に子供・親類がいるなら、第一に「同居の家族がケアをする」との考え方が、当時の一般的通念であったといえます。

これは儒教の孝概念のような教義的なものではなく、「もし家族でケアをしなかったら、近所の人・村の人に世話・面倒をかけてしまう」といった、現実の社会状況・日本的なムラ社会の考え方に関連する論理ともいえるでしょう。

先にご紹介した通り『仙台孝義録』を対象として行われた研究によると、庶民層における未婚男性が老親を介護しているケースでは、介護負担のために四十過ぎまで独身といった状況も見られました。ここからは、自分の人生に大きなマイナスが生じても、「家族である以上、とにかく自分が面倒をみないといけない」との心性が生じていたとも推測できるでしょう。もちろん当時の庶民層の子供が親の介護に向かう心性の背景には、親への愛情や、孝を尽くすのが人の道とする儒教が影響していたと思われます。しかし五人組など当時ならではの地域社会との関係性を踏まえると、「まずは「家」の枠組みの中で、介護負担に対応しようとする心性」＝「家の論理」も合わせて生じていたと考えられます。

なお自治組織としての五人組や村役人・町役人などの制度は、あくまで庶民用であったため、基本的に武士は対象外です。それでも江戸期には武家においても「家」の社会単位が下級武士層でも成立し、先祖代々続く家（結婚した女性は嫁ぎ先の家、養子の場合は養子先の家）の中で一生を終えていく形態が主流となったのは庶民と同様です。そのため家族の中に高齢の要介護者が生じた場合、まずは家族の中で介護負担を担っていく意識が一定程度、持たれていたとは考えられます。

第一章で「看病断《かんびょうことわり》」の制度を取り上げましたが、こうした制度もまた「休みをあげるから、家族の面倒は自分で看なさい」といった、家の中で介護を完結すべしとの考え方が背景にあるともいえます（もっとも看病断については、孝の実践をさせてその教化・普及を進めようとする為政者側の意向も多分にありました）。

③家で対応できないときは地域で――「地域社会」の論理――

江戸時代には先述の通り、介護する子供・親族がいないなど家の論理が機能しない場合、庶民層では五人組、さらには村役人・町役人などが対応し、地域社会全体でサポートする体制がとられていました。この体制下では、もし自分と同じ五人組・町村に属する家に要介護者が生じ、その人に身寄りがいないときは、部分的なケアの負担が求められます。

もし断ればムラ社会の中でルール違反者として扱われ、その後のご近所付き合いにも支障が生じるでしょう。それを避けたいならケアに参加する必要がありました。しかも五人組の場合、自分が何か粗相《そそう》をすれば、他のメンバーにも迷惑がかかるので規則違反はしにくいです。

つまりここには、「自分の地域社会（五人組・町村）に属している人が、介護をしてくれる家族・親族を持たない場合、ケアに協力する必要がある」との社会的な要請から生じる介護に向かう心性＝「地域社会の論理」が作用しているといえます。地域社会の論理は、自分の老親ではなく、あくまで地域内・ご近所の高齢者に対して介護をしようとする心性であり、しかも五人組・町村のルール・慣行に基づくもので、これまで見てきた論理にはない特異性があります。

ただこの地域社会の論理に従って、どのくらい丁寧なケアが行われたのかは疑問の余地が残ります。五人組・町村の定めとはいえ、農作業など家業で忙しい中、ご近所というだけで自分の親にするような介護ができるかというと、難しい人も多かったでしょう。先に見た五人組のルールにおいても、病人が出れば世話をするといった内容のみで、どのようなケアをするのかについて、具体的なマニュアルがあったわけではありません。

そのため一人暮らしをしている不自由な高齢者に対して、食事を届ける、見守りをするといった負担の少ないケアだけを行っていた可能性もあります。その場合、ケアを受ける高齢者は、ご近所さんによる軽度のケアの中で出来るだけ長く生存しようとするのが、終末期の生き方になってくるでしょう（もちろん、付き合いの深いご近所さん同士であれば情の論理が強く作用し、肉親のように介護するケースもあったかもしれません）。

また地域社会の論理に関わる事例として、第一章で紹介した生麦村の「千恵」の話を関連付けられそうです。「千恵」は年を取ってから約三十年振りに故郷に戻ったわけですが、独身で子供も連れておらず、介助を必要としたとき、子からの介護を受けられませんでした。千恵は実家を継いでいた弟の息子家族と同居していましたが、伯母・甥といった少し距離のある関係もあってか、介護を全面的にお願いすることに気が引ける面があったようにも見受けられます。ただ「千恵」には意外な介護者がいました。「北おその」や「おのふ」といった家の外部からやってきた介抱人たちです。

介抱人たちはいつでも駆けつけられる距離にいたので、近くに暮らしていた人たちと考えられます。「千恵」の友人なのか、それともただのご近所さんなのか、あるいは専門知識を持つ看護人・介護士なのかは判然としませんが、近くに住んでいたなら、同じ地域社会に属する人による訪問ケアが行われていたともいえます。あるいはケアの謝礼を受け取っていたかもしれませんが、それが目的ではなく、地域のつながりの中で介護をしようとする心性が働いていたのではないでしょうか。

④幕藩が教化――「儒」の論理――

江戸期において儒教の「孝」「長幼有序」の概念は、本章にて述べた通り、幕府の儒教・朱子学教化施策を背景として身分を問わず広く社会に普及していきました。古代～中世期にも儒の論理による影響は一定程度考えられましたが、江戸期の方がはるかにその影響力は強かったと判断して良いでしょう。

その影響力を垣間見る例として、本書の最初に武士の介護事例として紹介した水野重教の介護記録が挙げられます。重教の介護記録には、父親が亡くなる直前、大小便の介助を三人の息子たちで世話する場面がありました。もともと重教が一人で行っていましたが、亡くなる直前には兄弟が三人で下の世話までしていたわけです。実家に勤めていたお手伝いの人も協力したとは思われますが、武士階級の兄弟三人で親の介護をしている姿から、子は孝を実践すべしとする儒教の体現者としての雰囲気が感じられます。当時（特に江戸中期以降）の武士は、幼い頃から義務教育のように「儒」の教義に触れているので、「孝」の価値観を重視する人たちならではの行動とも理解できるでしょう。

江戸期における「儒」の教えとしては、中心的存在ともいえた朱子学だけでなく、それへの反発から生まれた古学や陽明学など儒教系の学統も人気がありました。先にも触れた通り、基本的に「儒」につながる学問であれば、親孝行、年長者を大切にする心情を重視する点で同じです。時の政府に重用された朱子学がリードする形で、社会全体に「孝」や「長幼有序」を重視する儒教の価値観が浸透し、その価値観を発揮する場となったのが高齢者介護であったといえます。

こうした影響は当時の出版物における介護関連の言説にも影響を与え、そこでは古代～中世期の書物に見られた仏教的な「功徳《くどく》を積む」「親孝行しないとバチが当たる」といった話ではなく、「親に孝を尽くすのが人の道であり、当然守るべき倫理・道徳である」といったいい方が主流となっています。

ただし江戸時代と一口にいっても、儒学・朱子学の教化が社会の中で本格的に行われ始めたのは江戸幕府が始まってから数十年後、十七世紀の終わりごろに五代将軍綱吉が奨励策を多数打ち出して以降です。さらに、それまで林家の私塾だった学校を幕府が官学校(昌平坂学問所)として正式に成立させたのは十八世紀末の寛政年間であり、全国レベルで本格的に藩校が設立されていくのもこの頃からです。

こうした点を踏まえると、少なくとも江戸前期は儒の論理の影響力は限定的で、人々に介護へと向かわせる心性を生じさせていたのは、それ以外の論理がメインであったとも考えられます。

介護放棄の実例

やや駆け足でしたが、江戸期において人々を介護に向かわせる心性をもたらした「情の論理」「家の論理」「地域社会の論理」「儒の論理」について考えてきました。もちろんこの四つは代表的と思われるものだけで、今後研究や発見が進めば、柱となるような別の介護の論理が提唱されるでしょう。

これらの論理は、個人の中で同時作用したり、気持ちが変化して急に作用したりする場合もありますが、どの論理も作用しなかった場合、介護に向かう心性は生じません。例えばここまで見てきた論理でいうと、情の論理の破綻（親子が不仲で絶縁している場合など）、家の論理の破綻（家族・親族がいない場合など）、地域社会の論理の破綻（村八分の状態、郷里を飛び出して地縁者がいない場合など）、儒の論理の破綻（子もしくは同居の弟子・奉公人が「孝」だの「長幼有序」だの気にしない人間である場合など）といった事態がすべて該当すれば、要介護者は介護を受けられません。

江戸時代は家規範が確立し、同じ家に住む以上、親は子供を、子供は親を養育するのが当然とされ、もし放棄すれば社会からそれなりの制裁を受けたりもしました[53]。それでも江戸期において介護放棄した人は少なくなかったようで、例えば黒羽藩《くろばねはん》（現在の栃木県大田原市付近にあった藩）では、老人・子供・盲目の女房を宿元に残して逃亡した者がとらえられ処罰された記録があります。逃亡理由は、家族の養育に疲れ果てたためでした[54]。江戸時代が下るにつれて、高齢者の養育拒否が増えていったのではないかとの指摘もあり[55]、幕末期になると家族員同士の意識に変化が生じ、介護の心性を生み出す論理に揺らぎが生じた面もあったようです。

また子による親への直接的な介護放棄とまではいえませんが、江戸期においても、古代〜中世期にも見られた間接的な老人遺棄・ケア放棄ともいえる慣行があったのではと推測できる資料もあります。その典型例が、民俗学者・柳田國男がまとめた『遠野物語《とおのものがたり》』に登場する「蓮台野」の物語です。

『遠野物語』は、明治期に遠野の地（現在の岩手県遠野市）を訪れた柳田國男が、当地に伝わる民話を集めて編纂した書籍です。その第百十一章に、以下のような文章があります。

……ダンノハナといふ地名あり。その近傍にこれと相対して必ず蓮台野といふ地あり。昔は六十を超えたる老人はすべてこの蓮台野へ追ひやるの習ひありき。老人はいたづらに死んでしまふこともならぬゆゑに、日中は里へ下り農作して口を糊《ぬら》したり。（……ダンノハナと呼ばれる地名があり、その近くにはこれと相対して必ず蓮台野と呼ばれる地がありました。昔は六十歳を超えた老人は、すべてこの蓮台野に追いやる習慣がありました。老人はそのまま死んでしまうこともできないので、日中は里へ下り、農作業をして生計を立てていました[56]）

前章で見た通り、古代～中世期においても高齢者が人里離れて無主の地で暮らしていたケースが見受けられました。それに似た内容が、明治期に民話を収集した『遠野物語』でも、「昔は……」と語られています。もし明治以前において、外部に知られない形で実際に行われていたのであれば、子が山に運んで捨てるような直接的な棄老ではないものの、社会的な慣習に基づく間接的な棄老行為があったともいえます（『遠野物語』は事実の記録ではなく、あくまで現地に伝わる民話・逸話を集めた著作なので、その点は踏まえる必要があります）。地域社会にこうした慣習があるなら、介護に向かわせる心性をもたらす論理は作用しにくいでしょう。

以上、江戸時代において人々を高齢者介護に向かわせた価値観について考えてきました。情の論理については、やはり人々が介護行為に向かう上での基本的な価値観であり、現代も含めて、どの時代でも親・家族に対する愛情が大きなモチベーションになっているといえます。ケア対象者に愛情がないなど情の論理が作用しないときは、ほかの論理が作用すれば、介護放棄は食い止められます。

なお古代～中世編でも述べましたが、これらの論理は、本書で取り上げた史料や既存研究から抽出できた、その時代における代表的なものです。例えば「家の論理」「地域社会の論理」については、古代～中世期でも一定程度作用していたとも考えられるでしょう。ただ三世代同居など安定した「家」のあり方が階層を問わず社会全体で形成され、かつ「五人組」が制度化されるなどの時代状況を踏まえると、古代～中世期よりも江戸期において顕著に見られる特徴といえます。

そして「儒の論理」については、「孝行」や「年長者を敬うべき」といった概念を扱う学問・教えであるため、どの時代においても、介護に向かう心性に対する強い影響力を持ったと考えられます。ただその普及のされ方、受容のされ方が時代によって大きく異なります。古代～中世期には律令制度を通して「孝」や「悌」の価値観が庶民層・社会内に広められた側面があり、一方で江戸期では、学校にて儒教・朱子学が教えられる形で、古代～中世期よりもはるかに広く・深く社会に浸透しました。同じ「儒の論理」のカテゴリーであり、古代～中世期と江戸期の両方における論理として取り上げる形となりましたが、その内実は大きく異なっています。
本書では古代〜中世期と江戸期のみを取り上げましたが、現代人はどうでしょうか。なぜ人々は高齢者介護をしようとするのか、あるいは逆に、介護放棄に向かう思考プロセスはなぜ発生するのか。現代の社会・文化・価値観の状況を踏まえて、いくつか論理を抽出して考えてみると、現代日本人における高齢者介護に対する考え方・価値観が見えてくるかもしれません。

註

(1) 大竹秀男(一九九〇)「江戸時代の老人観と老後問題—老人扶養の問題を主として—」利谷信義他編『シリーズ家族史5　老いの比較家族史』三省堂、一九三頁。
(2) 五人組を大名領主・幕府による支配の方法として捉える見方については、煎本増夫(二〇〇九)『五人組と近世村落—連帯責任制の歴史—』雄山閣、一〜四頁参照。
(3) 同右、一〜四頁。
(4) 黒板(一九七五)、九三〜九四頁。
(5) 煎本(二〇〇九)、四四頁。

(6) 同右、四五頁。
(7) 同右、四五~五一頁。
(8) 滝本誠一編著(一九六七)『日本経済大典 第11巻』明治文献、六一九頁。訳は筆者による。
(9) 瀧本誠一編(一九一五)『日本經濟叢書 巻十』日本經濟叢書刊行會、三三一~三三三頁。中略、訳は筆者による。
(10) 大竹(一九九〇)、一九六頁。
(11) 同右。
(12) 中村幸彦校注(一九七五)『近世町人思想 日本思想大系59』岩波書店、三六五~三七六頁。
(13) 中村幸彦(一九七五)、三七〇頁。訳は筆者による。
(14) 大竹(一九九〇)、一九七~一九九頁。
(15) 同右、一九九頁。
(16) 小椋(二〇〇〇)、二一四~二一五頁。
(17) 会津藩の高齢者扶養制度については、同右、二一五頁。
(18) 同右、二一四~二一五頁。
(19) 土田健次郎(一九九四)「朱熹理気論の再検討」内藤幹治編『中国的人生観・世界観』東方書店、三四二頁。
(20) 島田虔次(一九六七)『朱子学と陽明学』岩波新書、九〇頁。山井湧(一九八〇)『明清思想史の研究』東京大学出版会、九四頁。

(21) 石田一良、金谷治校注（一九七五）『藤原惺窩　林羅山　日本思想大系28』岩波書店、一一六～一一七頁。訳、中略は筆者による。
(22)『孟子』は朱子学の聖典とされる「四書」（他の三つは『大学』、『中庸』、『論語』）の一つです（武内義雄〔二〇二二〕『中国思想史』講談社学術文庫、二六三頁）。
(23) 石田、金谷（一九七五）、一一九頁。訳、中略は筆者による。
(24) 同右、一三一頁。訳、中略は筆者による。
(25) 土田健次郎（二〇一四）『江戸の朱子学』筑摩選書、八八～八九頁。
(26) 柳田直美（二〇一五）「徳川綱吉の儒教的統治と中国善書の需要について」『言語・文化・社会』第13号、学習院大学外国語教育研究センター、一二頁。
(27) 木本毅（二〇一九）「江戸幕藩体制下の教育とその思想―幕府の学問所、諸藩の藩校、そして、私塾・寺子屋―（近代公教育への礎と萌芽の歴史的検証）」『信愛紀要　別刷　第60号』、和歌山信愛女子短期大学、七一頁。
(28) 同右、七二頁。
(29) 同右、七〇頁。
(30) 同右、六八～七七頁。
(31) 木本毅（二〇二〇）「江戸期近世教育と近代公教育の思想と哲学―私塾・郷学・寺子屋における儒学・朱子学―（教育の内容と制度の歴史的検証）」『和歌山信愛大学教育学部紀要』第1巻、和歌山信愛大学教育学部、二二一～二二三頁。

(32) 私塾の概要については、同右、一六～一八頁。
(33) 例えば、中泉哲俊(一九七六)『日本近世学校論の研究』風間書房など。
(34) 大石学(二〇〇七)『江戸の教育力 近代日本の知的基盤』東京学芸大学出版会、七六頁。
(35) 山下武(一九六九)『江戸時代庶民教化政策の研究』校倉書房、二七三頁。
(36) 木本(二〇二〇)、二三～二四頁。大石(二〇〇七)、七六～一〇〇頁。山下(一九六九)、二七六～二七七頁。
(37) 山下(一九六九)、二七六頁、二八〇頁。
(38) 例えば江戸市中にあった寺子屋では、「金一朱」を年に五回納めるのが通例であり、農村はその半額ほど。一両の価値は時代状況によって変遷しますが、仮に三十万円だったとすると金一朱は約二万円です(磯田道史(二〇〇八)『江戸の備忘録』朝日新聞出版、一二五頁)。
(39) 利根啓三郎(一九八一)『寺子屋と庶民教育の実証的研究』雄山閣出版、三六～七三頁。
(40) R・P・ドーア著、松居弘道訳(一九七〇)『江戸時代の教育』岩波書店、二九五～三〇〇頁。
(41) 入江宏(一九六三)「享保期における農民教化活動の一側面――「百姓分量記」に示された家と村落の倫理――」『北海道学芸大学紀要(第一部C)』第一四巻第二号、北海道学芸大学、三五頁。
(42) 大石(二〇〇七)、一〇一～一〇二頁。
(43) 同右、一〇一頁。
(44) 同右、一〇三頁。

(45) 柳谷慶子（一九九三）「近世社会における介護役割と介護思想」『総合女性史研究』第10号、総合女性史学会、二七〜三二頁。

(46) 貝原、石川（一九六一）、一五八〜一五九頁。

(47) 松田（一九八三）、四四四〜四四五頁。

(48) 貝原、石川（一九六一）、一六一頁。

(49) 松田（一九八三）、四四六頁。

(50) 中村幸彦（一九七五）、三六七頁。訳は筆者による。

(51) 山岸德平、佐野正巳編（一九七九）『新編　林子平全集3　経世』第一書房、一一三頁。訳、中略は筆者による。

(52) 柳谷（二〇〇一）、一八五頁。

(53) 菅野則子（一九八八）「江戸時代庶民の養育」奥山恭子他編『扶養と相続　シリーズ比較家族第Ⅱ期1』早稲田大学出版部、七二頁。

(54) 同右、五九頁。

(55) 同右、七一頁。

(56) 柳田國男（二〇〇四）『新版　遠野物語　付・遠野物語拾遺』角川ソフィア文庫、六五頁。訳は筆者による。

おわりに

ここまで江戸時代における「武士の介護」の実情を手始めとしつつ、古代から江戸期にかけての高齢者と介護状況について、史料や既存研究をひも解きながら紹介してきました。また古代~中世期、および江戸時代における高齢者介護へと向かわせる価値観・考え方についても検討し、本書で取り扱った事例をもとに、各時代の代表的な論理も抽出してみました。本当は、親の介護に直面した当時の人々の素朴な本音(「親の介護は大変だなぁ」といった愚痴など)を取り上げたかったのですが、事実記載はあっても感情をありありと述べている史料が乏しいこともあり、その点は不十分となりました。ただ、今ある史料や既存研究を可能な限り調べ、当時の介護状況に多少は迫れたのではないかと感じています。

高齢者介護に対する研究・分析については、社会福祉論や援助論、ジェンダー論、家族論、ケアの方法論、社会保障論、財政論などの領域で現在もなお盛んです。その一方で、歴史的・思想的な側面、「昔の人の介護実態と心性背景」の探求については、まだまだ開拓の余地があるように思われます。

本書は日本における過去の高齢者介護の状況についてのみ見てきましたが、他国の介護の歴史とその思想状況も気になるところです。愛情などの感情に牽引されてケアをしようとする「情の論理」は、万国に共通する面があるようにも思われます。しかしそれ以外の文化・価値観の影響については、国や民族、地域によって異なる部分があるでしょう。それらを比較すれば、日本の特徴をより浮き彫りにできます。

ただ本書は日本における高齢者介護の歴史について楽しく読んでもらえればとの思いで書かれていますので、「なるほどね」「そうだったのか」と気軽に読了して頂けたら幸いです。そんな中で本書が一つメッセージを送るとすると、「昔の日本人も、同じように介護が大変だった」という点でしょうか。介護の負担は大きく、実際に今現在、老親の介護負担に直面している方の多くは、負担の大きさに悩み、苦しんでおられると思います。特に認知症のケアは大変です。負担の大きい在宅介護生活が続く中で、社会からの疎外・孤独を感じたり、心が落ち込んだりすることもあるでしょう。

そんなとき、実はそうした苦しみは過去の日本人、それも古代から多数の人が経験してきたことであり、今を生きる「あなた」だけではないと思えれば、わずかながらでも気分が軽くならないでしょうか。

この点、介護を受ける高齢者の方についても同じことがいえます。要介護状態となり、周りへの負担をかけることに対して、心苦しく思っている方もおられるでしょう。しかし要介護状態となった人は古代から多数いて、そうした人は周りの人たちの介護を受けながら生活していました。みんな家族・社会のお世話になっていたわけです、大昔から。自分の身に起こったことに、過度に引け目を感じる必要はないでしょう。

高齢者介護は現代社会特有のものではなく、昔から続く生活の一様相です。本書を読んで、「昔の人も同じように介護は大変だったんだな」「多くの日本人が、同じような苦労を古代からしてきたんだ」と思うことで、わずかながらでも心が安らいで頂けますと幸いです。

企画協力　小島和子（ＮＰＯ法人企画のたまご屋さん）

河出新書 076

武士《ぶし》の介護休暇《かいごきゅうか》

日本《にほん》は老《お》いと介護《かいご》にどう向《む》きあってきたか

二〇二四年一〇月二〇日　初版印刷
二〇二四年一〇月三〇日　初版発行

著　者　﨑《さき》井《い》将《まさ》之《ゆき》
発行者　小野寺優
発行所　株式会社河出書房新社
〒一六二-八五四四　東京都新宿区東五軒町二-一三
電話　〇三-三四〇四-一二〇一［営業］／〇三-三四〇四-八六一一［編集］
https://www.kawade.co.jp/
マーク　tupera tupera
装　幀　木庭貴信（オクターヴ）
印刷・製本　中央精版印刷株式会社
Printed in Japan　ISBN978-4-309-63179-0

アメリカ

橋爪大三郎
大澤真幸

日本人はアメリカの何たるかをまるで理解していない。二大知性の刺激的な対話によって、アメリカ理解の核心がいま明らかとなる。

001

考える日本史

本郷和人

教科書は退屈だという人へ。東大教授が教える、新しい歴史の愉しみ方。たった漢字一字から歴史の森に分け入る、新感覚・日本史講義。

002

歴史という教養

片山杜秀

歴史に学べと言うが、先行きの見えない時代の中で、それはどういうことなのか。当代屈指の思想史家が説く、歴史センスのみがき方。

003

東大流
「元号」でつかむ日本史

山本博文

元号が変わるとき、なにが変わるのか——祈りと政治の交点として時代を映し出す「元号」を基点に、名物教授が日本史を新たに紐解く！

009

一億三千万人のための
『論語』教室

高橋源一郎

二千五百年の時を超え、『論語』が高橋源一郎訳で甦る！　さあ、「一億三千万人のための『論語』教室」、開講です!!

012

河出新書